オリンピック・パラリンピックから考える

スポーツと法

早川 吉尚 編

有斐閣

はしがき

　「スポーツ法」——近年ではようやく馴染みある概念となりつつありますが，かつてはわが国の法曹関係者から奇異の目で見られることも少なくありませんでした。伝統的な法学で扱ってきた法的問題とスポーツの世界がどう関係してくるのか，そのこと自体にイメージがわかない方がほとんどというのが，当時の状況でありました。

　私自身について言えば，「スポーツ法」という概念に初めて出会ったのは，大学院生時代に米国の判例・法令データベースの講師のアルバイトをしていた時でありました。当時，業務都合を理由に高額な米国の判例・法令データベースを自由に使えることは自分自身の研究にとって大変に有難いことでしたが，その利用の過程で，データベースの中に"Sport Law"というカテゴリーが当たり前のように存在していることに私は驚き，どんな判例があるのか興味のままに読み耽ったことを，今でも鮮明に覚えています。

　その後，わが国初めてのスポーツ仲裁機関として「日本スポーツ仲裁機構」が設立されることになり，仲裁法の専門家としてその設立・運営に様々な助力をすることとなりました。また，「日本アンチ・ドーピング規程」の策定，「日本アンチ・ドーピング規律パネル」の設立・運営にも関与するようになりました。そしてその過程で，自ら「スポーツ法」を学び，実践するようになり，また，本書の分担執筆を引き受けていただいた「仲間」たちにも出会って，様々に協働するようになりました。また，そうした中で，「スポーツ法」という概念も，わが国において浸透していったと考えていました。

　しかし，それは十分ではなかったようです。現在，コロナ禍の

東京でのオリンピック・パラリンピック競技大会の開催を直前に控え，様々な場で様々な議論が行われています。しかし，そこにおいて法的な視点が欠けていることは否めません。「スポーツ法」の基礎的な知識があれば，前提に関する不必要な誤解・議論の混乱はなかったように思えますし，より整理された形で建設的な議論ができたように思えてなりません。

本書は，「スポーツ法」にまだ馴染みのない方々に，東京オリンピック・パラリンピック競技大会の開催を一つの契機として，この分野に興味を持っていただくとともに，この分野が扱う様々な内容につき具体的にイメージしてもらうことを目的とするものです。当初は雑誌「法学教室」におけるリレー連載として公表されましたが，想定以上に反響があったため，幾分かの加筆をした上で書籍としてここに発刊されることとなりました。

「スポーツ」が人々の生活を豊かにするために必須の存在である以上，「スポーツ法」の必要性は今後ますます拡大すると予想されますし，マーケットの拡大も同様と思われます。その意味で，これから法曹界を目指そうとする学生のみなさんや，若い世代の実務法曹・研究者の方々が，本書を通じて「スポーツ法」に興味・関心を持ち，わが国の「スポーツ法」の新たな担い手となっていただけたら，これに優るよろこびはありません。

それでは，「スポーツ法」の世界へようこそ。

2021 年 5 月

執筆者を代表して

立教大学教授・弁護士　早川吉尚

目　次

執筆者紹介 (*は編者)

早川吉尚* はやかわ よしひさ

立教大学教授・弁護士・スポーツ仲裁裁判所仲裁人
担当：項目 1・11・12

濵本正太郎 はまもと しょうたろう

京都大学教授
担当：項目 2

小川和茂 おがわ かずしげ

立教大学特任准教授
担当：項目 3

興津征雄 おきつ ゆきお

神戸大学教授
担当：項目 4

宍戸一樹 ししど かずき

弁護士・日本アンチ・ドーピング規律パネル副委員長
担当：項目 5・6

杉山翔一 すぎやま しょういち

弁護士・日本スポーツ仲裁機構仲裁調停専門員
担当：項目 7

高松政裕　たかまつ まさひろ

弁護士
担当：項目 8

上野達弘　うえの たつひろ

早稲田大学教授
担当：項目 9

南野　森　みなみの しげる

九州大学教授
担当：項目 10

凡 例

◆**オリンピックの表示について**

・2021 年 7 月 23 日に開会される予定の「第 32 回オリンピック競技大会（2020／東京）」
（Games of the XXXII Olympiad），その後同年 8 月 24 日に開会される予定の「東京 2020
パラリンピック競技大会」（Tokyo 2020 Paralympic Games）については，それぞれ
「2020 年東京オリンピック」，「2020 年東京パラリンピック」と表記しています。

・そのほか，「オリンピック競技大会」・「パラリンピック競技大会」については，それぞれ
単に「オリンピック」・「パラリンピック」と表記し，個別の大会については「開催年＋地
名＋大会」で表記しています（例：2012 年ロンドン大会）。

◆**判例の表示について**

・最高裁の大法廷判決については「最大判」，小法廷判決については「最判」と表示してい
ます。

・年月日は「・」で繋いでいます。

・頁数は，判例集の通し頁を表示しています。

　例：最判平成 24・2・2 民集 66 巻 2 号 89 頁

◆**文献の略語について**

本書に引用される下記の文献については，〔 〕内の略語例に従っています。

〔民集〕　大審院・最高裁判所民事判例集

〔裁判所 Web〕　裁判所ウェブサイト

〔最判解民（刑）事篇平成（昭和）○年度〕

　最高裁判所判例解説民（刑）事篇平成（昭和）○年度

〔曹時〕　法曹時報

〔判時〕　判例時報

〔判タ〕　判例タイムズ

〔L&T〕　Law & Technology

〔自正〕　自由と正義

〔ジュリ〕　ジュリスト

〔法教〕　法学教室

〔法時〕　法律時報

〔法セ〕　法学セミナー

〔法協〕　法学協会雑誌

◆**法令名の略語について**

法令名の略語は，小社刊行の法令集の巻末に掲載されている「法令名略語」に従っています。

オリンピック・パラリンピックから考える

スポーツと法

本書の趣旨と全体像

I はじめに――ある架空の事案

2021 年 8 月 X 日，東京の新国立競技場は異様な熱気に包まれていた。東京でのオリンピック開催は 2 度目ではあったが，1964年の 1 度目のオリンピック開催の時とは全く異なる事態が相次いで発生し，そのための対応に関係者は慌てふためくこととなっていた。

本日開催されるオリンピック種目の中でも花形の一つである女子 X 競技において，世界的に人気・実力が最も高い A 選手の姿が会場に見当たらない。そのことに会場に詰め掛けた大勢のファンは驚き，怒りの声をあげるものさえいた。一部報道によればどうやら，数日前に開催された別の競技の決勝で 1 位となった後，すかさず行われたドーピング検査において，A 選手から採取された尿検体から禁止物質が検出されたため，A 選手に「暫定的資格停止」の処分が下されたらしい。しかし，別の報道によれば，尿検体から禁止物質が検出されたからといって，すぐにドーピング違反となるわけではないらしい。その点は，スイスのローザンヌに本拠を置く「スポーツ仲裁裁判所」が，オリンピック期間中に東京の「日本国際紛争解決センター」において臨時部を開設しており，そこで最終判断が下されるらしい。しかしその判断は，本日の女子 X 競技の開催までに間に合うのか。もしもその判断が女子 X 競技の開催後に下され，しかも，A 選手はドーピング違反ではないという判断であったとしたら，女子 X 競技に出られなかった A 選手があまりに可哀想ではないか。A 選手の潔白

を信じる大勢のファンからは，憤りの声があがり，会場ではA選手の名前が連呼され続けるという事態となった。

　他方，一部報道によれば，同じ女子X競技に出場する予定であったB選手についても，数日前に開催された別の競技の決勝の後に行われたドーピング検査において，採取された尿検体から禁止物質が検出されたため，「暫定的資格停止」の処分が下されたらしい。もっとも，B選手は人気・実力においてはA選手にははるかに及ばず，資力という点でもはるかに及ばない。そのため，最終判断を行う「スポーツ仲裁裁判所」の東京の臨時部におけるスポーツ仲裁手続において，本国において急遽集められた多数の弁護人団を送り込んできたA選手に比して，B選手は日本において無料で利用できる日本人弁護士を代理人として使わざるを得ないということであった。そのため，同様の状況にあるA選手とB選手につき，それぞれに対する最終判断が異なるような事態が生じるのではないか。この点も，マスコミの注目の的となっていた。

　もっとも，女子X競技に関しては，かかるドーピング違反だけが紛糾の種ではなかった。A選手のライバルであり，世界において人気・実力をA選手と二分するC選手が，本国が東京オリンピックに派遣する代表チームのメンバーに入っていなかったのである。このことはC選手の大勢のファンを驚愕させ，また，一部報道によれば，C選手自身もその本国において，国内競技団体の選手選考の不当性を訴えてスポーツ仲裁を申し立てたとのことであった。ただ，その国の代表選考に責任を有する国内競技団体は，代表選考には国内競技団体に一定の裁量権があるとして，かかる仲裁申立てに強く反発しているとのことであり，仲裁手続の最終的な結論は予想できないとの一部報道もあった。また，C

選手が選考されなかったことの背景には，選手の肖像権やパブリシティ権は競技団体に属するという取扱いがその国では長らく行われていたところ，世界的に人気・実力を有するＣ選手がかかる取扱いに反発して競技団体と対立関係になっていたという事実があるとの一部報道もあった。いずれにしても，かかるスポーツ仲裁手続の判断次第では，Ｃ選手がその国の代表チームに復帰し，東京の会場に姿を見せるのではないかとの期待が寄せられており，本日Ｃ選手が会場に現れるか否かという点も，会場の異様な熱気を高める要因となっていた。

　また，女子Ｘ競技については，他にも問題が発生していた。すなわち，人気・実力では，Ａ選手やＣ選手の次に位置するＤ選手が，「アンドロゲン過剰症（男性ホルモンのテストステロンが多く分泌されて男性化を引き起こす内科疾患）」であり，身体の形状は女性であったとしても生物学的には男性であるとして，国際競技団体によって女子Ｘ競技には出場ができないとされていたのである。しかし，Ｄ選手はこれに反発し，やはり，「スポーツ仲裁裁判所」に仲裁を申し立てていた。その結論も昨晩に出たはずであり，やはりその結果次第では，本日Ｄ選手が会場に現れるのではないかという期待も高まっていたのであった。

　さらに，東京ではオリンピックの閉幕後にパラリンピックが開催される予定となっているが，障がい者スポーツにおける女子Ｘ競技においてこれまで絶対王者であったＥ選手が，今回はパラリンピックではなくオリンピックの女子Ｘ競技の代表としてエントリーしてきたことも注目の的であった。しかしこれに対しては，Ｅ選手が左脚の膝から下に装着している炭素繊維製のブレード義足が，健常者の脚よりも競技能力を向上させる機能を有しているのではないかが問題視され，やはり国際競技団体はその

エントリーを拒絶していた。しかし，E選手はこれに納得せず，やはり，「スポーツ仲裁裁判所」に仲裁を申し立てていた。その結論も昨晩に出たはずであり，やはりその結果次第では本日E選手が会場に現れるのではないか，その話題でも会場はヒートアップしていた。

　さらに，会場をヒートアップさせる要因がもう一つあった。それは，2020年のオリンピック開催都市の決定の際に，東京は他の2つの都市（イスタンブール，マドリード）と競争することとなったが，かかる競争を勝ち抜くため，開催都市の決定に投票権のある「国際オリンピック委員会」（IOC）の委員の一部に賄賂が渡されたのではないかという疑惑が，フランスの「予審判事」により持たれており，その下での捜査の結果次第では，当時の招致委員会のトップが起訴されるか否かが決定されるとの報道であった。その報道によれば，その決定が下される予定日が本日であり，会場はその噂でも持ちきりであった。

ⅠⅠ　本書の趣旨と全体像

　上記は，あくまで架空の事案である。しかし，かかる事案を作成するにあたっては，実際に起きた本当の事件を参考にしている。すなわち，架空の事案ではあるものの，来る東京におけるオリンピック・パラリンピックの開催の前後において，これに近い事象が発生する可能性は十分にあるのである。

　本書は，2020年から2021年に延期される形で開催される東京でのオリンピック・パラリンピックを契機として，現代におけるスポーツにおいていかに法学が深く関係しているのかを，読者の方々に理解してもらうことを目的とするものである。そして，か

かかるスポーツと法学の関係にイメージを持ってもらうために作成したのが，上記の架空の事案である。そして，かかる事案を通じて，本書の全体像を示すというのが，項目1の目的である。

　上記の事案を一読した際，読者においてはまず，全体を通じて「スポーツ仲裁」という言葉や「スポーツ仲裁裁判所」といった言葉が頻繁に登場することに気が付くであろう。現代のスポーツ界においては，紛争が発生した場合にこれを公平・公正に解決する仕組みとして，「スポーツ仲裁」の存在が欠かせない。その頂点に君臨しているのが，1984年に「国際オリンピック委員会」により設立されたスイスのローザンヌに本拠を有する「スポーツ仲裁裁判所」である。では，かかる「スポーツ仲裁裁判所」を設立した「国際オリンピック委員会」とはどのような存在なのか。上記事案の最後に出てくるように，同委員会はオリンピック開催都市の決定権限も有しているようであるが，その一部に賄賂の収受が疑われているともされている同委員会の委員とはどのような属性の人々なのか。こうした疑問については，項目2において，国際法を専門とする濱本正太郎・京都大学教授にお答えいただくことになる。

　また，上記事案においては，C選手が国内競技団体の代表チームの選手選考に不満を有し，その本国において「スポーツ仲裁」を申し立てたとある。このことから，「スポーツ仲裁」の手続の管理機関については，スイス・ローザンヌの「スポーツ仲裁裁判所」はもちろん，それ以外にもどうやら存在している，しかも，各国に存在していることがうかがわれることになる。実は，日本にも「日本スポーツ仲裁機構」という「スポーツ仲裁」の手続管理機関が存在しており，しかも，そこにおいて申し立てられる紛争の多くが，かかる選手選考を巡る争いなのである。それでは，

「スポーツ仲裁裁判所」・「日本スポーツ仲裁機構」とはどのような存在で，どのような権限によってスポーツ界の紛争に「仲裁判断」という形で決着をつけることができているのか。また，同様の国内スポーツ仲裁機関は，日本以外の各国においてどのように存在しているのか。そこにおいて中心となる選手選考を巡る争いとは，具体的にどのようなものなのか。さらに，こうしたスイス・ローザンヌの「スポーツ仲裁裁判所」と国内スポーツ仲裁機関はどのような関係にあるのか。こうした疑問については，項目**3**において，スポーツ仲裁を専門とする小川和茂・立教大学特任准教授にお答えいただくことになる。

ところで，かかる選手選考を巡る争いにおいて，上記事案では，C選手を外す形で代表チームの選手選考を行った国内競技団体が，「代表選考には国内競技団体に一定の裁量権がある」と，C選手のスポーツ仲裁申立てに反駁している。この点，確かに一般的には，団体の内部における機関決定については「部分社会の法理」の名の下に一定の団体自治が認められるはずである。とすると，自らの「裁量権」を盾に選手選考の正当性を主張する当該国内競技団体にも一定の理があるようにも思われる。しかし他方で，その「裁量権」の行使の背景には，「選手の肖像権やパブリシティ権」の取扱いを巡るC選手と競技団体の対立があるようであり，そうであるとすると，かかる「裁量権」の行使に限界はないのか。例えば，上記の「日本スポーツ仲裁機構」における仲裁判断例ではこの点はどのように考えられているのか。行政法の観点からは，この点はどのように考えられているのか。こうした疑問については，項目**4**において，行政法を専門とする興津征雄・神戸大学教授にお答えいただくことになる。

他方，上記事案では，A選手とB選手に対し，ドーピング検

査により尿検体から禁止物質が出たことによって「暫定的資格停止」の処分が課されている。しかし，そうだからといって，すぐにドーピング違反となるわけではないらしく，特にオリンピック開催期間中は，「スポーツ仲裁裁判所」が開催都市に設置する臨時部において最終決定がなされるらしい。それでは，かかるドーピング違反を取り締まるためのルールはどのようなものであるのか。そもそも各選手はどうしてそのようなルールに拘束されることになるのか。「暫定的資格停止」と「暫定的」ではない「資格停止」の関係はどのようなものなのか。オリンピック開催期間と期間以外では手続がどのように変わるのか。こうした疑問については，項目5・6において，「日本アンチ・ドーピング規律パネル」の副委員長である宍戸一樹・弁護士にお答えいただくことになる。

　また，上記事案では，同じくドーピング違反が疑われる立場にありながらも，A選手のように本国の弁護人団を送り込むような資力のないB選手は，「日本において無料で利用できる日本人弁護士を代理人として」使うとされている。何故，このような「代理人として」「無料で利用できる日本人弁護士」が存在しているのか。日本以外のオリンピック開催都市においても，このような仕組みはこれまでに存在していたのか。こうした代理人は，無料であるにもかかわらず，信頼に足りる存在，すなわち，スポーツ仲裁の手続に本当に精通しているのか。そうであるとしたら，それはどうしてなのか。こうした疑問については，項目7・8において，「2020年東京オリンピック・パラリンピック大会プロボノサービスプロジェクト運営委員会」の杉山翔一・弁護士，高松政裕・弁護士にお答えいただくことになる。

　さらに，上記事案では，上述のように，C選手に関する代表

チームの選手選考の背景に「選手の肖像権やパブリシティ権」の取扱いを巡るC選手と競技団体の対立があるとされているが，そもそも「選手の肖像権やパブリシティ権」とは何であろうか。何故この問題が特にスポーツの分野で話題になりがちなのか。どうして競技団体が「選手の肖像権やパブリシティ権」を管理したがるのか。こうした疑問については，項目9において，知的財産法を専門とする上野達弘・早稲田大学教授にお答えいただくことになる。

また，上記事案では，D選手につき，「アンドロゲン過剰症」により身体の形状は女性であったとしても生物学的には男性であるとして，国際競技団体によって女子の競技に参加できないとされ，これに対して「スポーツ仲裁裁判所」に仲裁が申し立てられている。他方，E選手につき，左脚の膝から下に装着している炭素繊維製のブレード義足が健常者の脚よりも競技能力を向上させる機能を有しているのではないか問題視された結果，やはり国際競技団体により（パラリンピックなら別段）オリンピックには参加できないとされ，これに対して「スポーツ仲裁裁判所」に仲裁が申し立てられている。こうした問題は，現代におけるジェンダーやセクシュアリティの問題とも関係し，また，ノーマライゼーションの問題とも関係してくるようにも思われるが，そもそもどのように取り扱われるべきなのであろうか。こうした疑問については，項目10において，憲法を専門とする南野森・九州大学教授にお答えいただくことになる。

さらに，上記事案では，2020年のオリンピック開催都市の決定の際に，開催都市の決定に投票権のある「国際オリンピック委員会」の委員の一部に賄賂が渡されたのではないかという疑惑が，フランスの「予審判事」により持たれているとされている。かか

る疑惑がフランスの「予審判事」により持たれており，捜査がなされていることは，実は，架空の話ではなく現実の事実である。その捜査の結論についてはさておき，オリンピック招致を巡りどのようなことがこれまで行われてきて，どのような問題が存在してきたのか。これに対し，どのような改善策が現在行われているのか。こうした点については，項目11において，筆者がお答えすることとしたい。

　最後に，2020年に本来は開催される予定であった東京でのオリンピック・パラリンピックは，新型コロナ感染症の世界的な流行により，1年の延期を余儀なくされた。これにより，新たな法的問題を検討せざるを得なくなり，世間的にも様々な物議をかもすこととなった。こうした点についても，最後の項目12において，筆者がお答えすることとしたい。

III　おわりに

　以上，実際の事件をベースに作成した架空の事案を使いながら，本書の趣旨と全体像を示してきた。東京でのオリンピック・パラリンピックを観戦する際には，是非，本書の内容を想起いただき，現代におけるスポーツにおいていかに法学が深く関係しているのかについても感じ取っていただきたい。読者の方々のオリンピック・パラリンピック観戦の興奮をより高めることができるだけの質の高いものになるであろうことは，筆者が保証する。

2 IOCって何？

I　はじめに

　2019年10月16日，国際オリンピック委員会（IOC：International Olympic Committee）は，2020年東京オリンピックのマラソンと競歩とについて，暑さ対策のために札幌市で実施することを検討していると発表した。これに対し，日本陸上競技連盟強化委員会委員長は「あってはならない決定。この時期に覆ることは極めて遺憾」（日本経済新聞2019年11月5日）と述べたものの，結局札幌で開催されることになった。

　この経緯について，「最終決定する権限はたしかにIOCにある。だが，問答無用での"決定"は『五輪を開催させてやるのだから，黙って従え』と言わんばかりだ」（日本経済新聞2019年11月1日）との批判もあるが，それがいやならオリンピック開催など引き受けなければいいだけであって，引き受けておきながら文句を言ってみても法的には何の意味もない。

　では，その「権限」は何に由来するのか。それは，「IOCはオリンピック大会に関する全ての権利〔tous les droits〕[1]を有する」（7条1項），そして，「オリンピック大会に関するあらゆる問題に関する最終的判断権〔la compétence en dernier ressort〕はIOCに属する」（58条）と定める『オリンピック憲章』（Charte Olympique）である。

---

1)　オリンピック憲章23条によれば，憲章正文は仏文・英文であり，齟齬ある場合には仏文が優先する。しかし，国際オリンピック委員会のことを日本ではどういうわけか英語に基づいてIOCと略すことが多く，本項目もそれに従う。

同憲章 15 条 1 項は，「IOC は，2000 年 11 月 1 日締結の協定に従ってスイス連邦参事会から承認され，法人格を有するアソシアシオン[2]の形態をとる，期限の定めなく設立された非営利目的の非政府国際機構である」と定める。これをどのように理解すべきか，本項目では法的な観点から考えてみたい。IOC の活動内容についてはネットで検索すればすぐに山ほど情報が見つかるので，ぜひそちらを参照されたい。

スイス法人としての IOC

　IOC は 1894 年にパリで開催された会議により設立され，パリのクーベルタン[3]の自宅に本拠があることとされていたが，フランス法人とするための手続は何らとられていない。フランスにおいて法人の設立が基本的に自由となる 1901 年結社法[4]以前だったからかもしれないが，もっと根本的な理由もありそうである。というのは，1908 年に初めて採択され，現在のオリンピック憲章の前身をなす IOC の規則（Règlement）[5]には「IOC は常設である」とあるのみで常設の何なのかは書かれておらず，さらに，第一次大戦の勃発に伴い中立国スイスのローザンヌに本拠を移すも，「国際的機関であるべき IOC がスイス法人に身を落とすなど，

---

2)　「アソシアシオン（association）」は，さしあたり「法人格を有する非営利団体」と理解しておけば良い。詳細は，大村敦志『フランスの社交と法』（有斐閣，2002 年）特に第 3 章。

3)　「近代オリンピックの父」とされるあの Pierre de Coubertin である。

4)　Loi du 1er juillet 1901 sur la liberté d'association.

5)　Comité international Olympique, *Annuaire*, 1908, p. 7. 本項目に引用する IOC 文書は，すべて IOC ウェブサイト文書館（https://library.olympic.org/）で見ることができる。

まして会社登記簿など汚らわしいものに名が載るなど，論外である」[6]——IOC は貴族たちにより創設された——との理由で，やはりスイス法人とするための手続はとられていないからである。

　実は，クーベルタンはじめ IOC 創設者たちは，IOC は，スイスにおいて国際連盟と同じような地位を持つべきことを主張していた[7]。国際連盟は国家間条約（ヴェルサイユ平和条約第 1 部たる国際連盟規約）により設立された国際機構であり，私人により設立された IOC とは性質が全く異なる。もっとも，19 世紀末・20 世紀初期の時点ではまだ国際機構法理論は整備されておらず，国家により設立された国際連盟のような機構の法的地位と，私人により設立された国際的学術団体などの法的地位とは，必ずしも明確に区別されないまま議論されていた[8]ことに留意する必要がある。クーベルタンらは法律家ではなかったことも考えると，荒唐無稽な主張というより，いずれの国からも独立していなければならない，という創設者らの確固たる信念を読み取るべきである[9]。第二次大戦後，1955 年の『IOC 定款』（statuts）には「IOC は常設の組織体〔organisme〕である」と定められている（9 条）[10]が，

---

6)　オリンピック文書館（ローザンヌ）に保管されているクーベルタンの手による文書。Franck Latty, *La* lex sportiva, Leiden, Nijhoff, 2007, p. 427. なお，この本は，スポーツ法を理論的見地から検討してみたいと思う者ならば最初に繙くべき，圧巻の大著である。

7)　Franck Latty, 《Le statut juridique du Comité international olympique》, *in* Mathieu Maisonneuve, sous la direction de, *Droit et olympisme*, Aix-en-Provence, Presses Universitaires d'Aix-Marseille, 2015, p. 15, p. 16.

8)　小寺彰「『国際組織』の誕生」内田久司先生古稀記念『国際社会の組織化と法』（信山社，1996 年）1 頁，7 頁。

9)　Kéba Mbaye, 《La nature juridique du C.I.O.》, *in* Pierre Collomb, sous la direction de, *Sport, Droit et relations internationales*, Paris, Economica, 1988, p. 69, p. 88.

やはりその地位を意図的に曖昧にしているように思われる。

　この不明確な状況をはっきりとさせたのが，1970 年代に始まるオリンピックの政治化（1972 年ミュンヘン大会テロ事件，1976 年モンレアル大会へのアフリカ諸国不参加，1980 年モスクワ大会への日米等不参加）による IOC の危機感であった。政治的圧力から自らを守るためには法的地位を明確にしなければならないとの判断の下，IOC は 1975 年の『オリンピック定款』11 条において自らを「法人格を有する国際法上のアソシアシオン〔une association de droit international ayant la personnalité juridique〕」と定義するに至る[11]。もっとも，IOC が国際法上の法人であることが他の国際法上の法人すなわち国家や国連などの国際機構により認められることはなかった。

　IOC は，自らの法的地位を確定させるためにスイス政府との交渉に入った。IOC としてはスイスとの合意により法的地位を確定させるつもりだったようだが，スイス連邦参事会（内閣）は 1981 年 7 月 8 日付アレテ（政令）を採択し，「IOC がスイスにおいて法人格を有すること」を確認（constate）した上で，一定の免税措置等を定めた[12]。すなわち，スイス政府は，IOC が 1981 年時点で既にスイス法人となっていたことをスイス政府の単独行為により公式に認定したのである。

　その後も IOC は「国際法上のアソシアシオン」と自称し続けたが，1991 年の『オリンピック憲章』（1978 年に『定款』から『憲

---

10)　Les jeux olympiques : Principes fondamentaux, statuts et règles, informations générales, 1955.

11)　CIO, *Statuts olympiques 1975*.

12)　このアレテはスイス官報（Feuilles fédérales）に収録されていない。ここでは，Mbaye の論文（*supra* note 9, p. 90）に引用されているものに依拠した。

章』に改名）において，「IOC は，法人格を有するアソシアシオンの形態をとる，期限の定めなく設立された非営利目的の非政府国際機構である」（19 条 1 項）との現在の表現に改められた[13]。ここで，IOC としてもスイス法人であることを自認するに至ったと言える。

III 国際法上の法人としての IOC

ところで，現在の『オリンピック憲章』（2004 年版以降）は，上記の通り，2000 年 11 月 1 日のスイスとの協定に言及している。この「スイスにおける国際オリンピック委員会の地位に関するスイス連邦参事会と国際オリンピック委員会との間の協定」[14]は，上記 1981 年アレテのようなスイスによる単独行為ではなく，スイスと IOC との合意という形式を取っている。ここから，1981 年以降の IOC の活動の進展を踏まえ，IOC にスイス法の枠にとどまらない一定の国際的地位を付与する必要をスイス政府が認識したことが示唆される。しかも，同協定の前文には，「国際関係における一つの重要な分野における国際オリンピック委員会の普遍的な役割，世界におけるその名声，および，複数の政府間機構と同委員会とが締結している協力協定は，国際法人格のいくつかの要素〔des éléments de la personnalité juridique internationale〕が現れていることを示している」とあり，IOC の国際法人格そのものがスイスにより認められたとまでは言えないとしても，

13） CIO, *Charte Olympique*, le 16 juin 1991.

14） Accord entre le Conseil fédéral suisse et le Comité International Olympique relatif au statut du Comité International Olympique en Suisse（2000）, *Recueil systématique* 0.192.122.415.1.

IOC の法的地位はスイス法にのみ基づくとはもはや言えず，国際法にも少なくともある程度は基づいている，とスイスが考えるに至っていることは確かである。この協定の実施を担当するスイス官庁が外務省とされていること（14条）も，このことを裏付ける。

　同協定の内容は，活動の自由（2条），課税からの免除（3条），資産処分の自由（5条），関係者の出入国の自由（9条）などである。一般的な特権免除に関する規定がないことを除けば，スイスが各国際機構と締結している地位協定（本部協定）[15]とほぼ同内容である[16]。

　さらに，IOC は，2005年の「スポーツにおけるドーピングの防止に関する国際規約」[17]に明示的に言及されており，同規約上，わずかながらも一定の権限を与えられている。もちろん，それはスイス法上認められる権限ではない。

　また，「複数の政府間機構と同委員会とが締結している協力協

---

[15]　たとえば，スイス連邦参事会と世界知的所有権機関との間の地位協定と比較されたい。Accord entre le Conseil fédéral suisse et l'Organisation mondiale de la propriété intellectuelle pour déterminer le statut juridique en Suisse de cette organisation（1970），*Recueil systématique*, 0.192.122.23.

[16]　なお，スイスは，非政府機関（NGO）の赤十字国際委員会とも地位協定を結んでおり，そこでは赤十字国際委員会の国際法人格を明確に承認している。Accord entre le Conseil fédéral suisse et le Comité international de la Croix-Rouge en vue de déterminer le statut juridique du Comité en Suisse（1993），*Recueil systématique*, 0.192.122.50. 列国議会同盟とも類似の協定を結んでいるが，そこでは同同盟を「国際機関（institution internationale）」として扱うとしつつも，国際法人格への言及はない。Accord entre le Conseil fédéral suisse et l'Union interparlementaire pour régler le statut juridique de cette organisation en Suisse,（1971），*Recueil systématique*, 0.192.121.71.

[17]　International Convention against Doping in Sport, 2条2項・15項，15条，29条。

定」として，IOC は国際労働機関（ILO）[18]や国連教育科学文化機関（UNESCO）[19]などと協力協定を締結している[20]。これら協力協定の準拠法は明示されていないが，当該国際機構の活動に直結する問題についての協力協定であるため，スイス法などの国内法に基づく協定とは考えがたい。

　国際機構との関係については，とりわけ国際連合（国連）との関係が注目に値する。国連総会は，2009 年 10 月 19 日採択の決議 64/3 により，IOC に「総会の会期と作業にオブザーヴァーの資格で参加する」ことを認めた[21]。イタリア提出の提案書は，IOC が国連平和維持活動に協力していること（スポーツ活動の展開による和平・信頼醸成），および，ミレニアム開発目標（MDGs）の達成に貢献していることを挙げている[22]。現在，国連総会におけるオブザーヴァー資格を認められているのは，教皇聖座[23]やパレスチナ「国」[24]のような国家，一定数の諸国と外交関係を維持しているマルタ騎士団[25]，東南アジア諸国連合（ASEAN）・

18）　Accord de coopération entre le Comité international olympique et l'Organisation internationale du travail, le 19 janvier 1998.

19）　《Le CIO signe un accord de coopération avec l'UNESCO》, 19 janvier 2004,（https://www.olympic.org/fr/news/le-cio-signe-un-accord-de-cooperation-avec-l-unesco）.

20）　2014 年 4 月には国連とも協定を締結している。参照，U.N. Doc. A/RES/69/6, preamble。

21）　U.N. Doc. A/RES/64/3.

22）　U.N. Doc. A/64/145. イタリア提案を審議した総会第六委員会では，イタリア提案につき議論のないままコンセンサスで提案が採択されたものの，採択後の投票態度説明において，NGO に総会オブザーヴァー資格を与えることは例外であり，IOC を先例とすべきでない，との主張がエジプト・アルゼンチン・パキスタン・中国・イランからなされている。U.N. Doc. A/C.6/64/SR.10, paras. 59-61. なお，総会決議 64/3 を採択した総会 64 会期 21 回会合では審議なしにコンセンサス採択されている。U.N. Doc. A/64/PV.21, p. 1.

ヨーロッパ連合（EU）のような国際機構や，列国議会同盟のような国家機関により構成される会議体，赤十字国際委員会や国際赤十字赤新月社連盟[26]のように国家間条約により一定の権限を与えられている特殊な NGO に限られる[27]。

　このように，今日，IOC はスイス法人であるにとどまらず，その活動の国際性とそのために必要な独立性の維持のため，国際法上においても極めて限定的ながら一定の地位を得るに至っている。

IV　IOC を何に基づいて規律するか

　既に述べたとおり，2000 年のスイスとの協定は IOC に一般的特権免除を認めていない。したがって，IOC の委員らがスイス刑法に触れる行為をすれば訴追・処罰の対象になり得るし，もとよりスイス以外の国の刑法についても同様である。また，スイス法人として，民事法規範も適用されることは言うまでもない。

　問題は，本項目の冒頭で記したオリンピック憲章に基づく「全

23)　国連総会における名称は Holy See/Saint-Siège. 厳密にはヴァチカン市国とは区別される。

24)　パレスチナの「国家」としての地位については，参照，Shotaro Hamamoto, "Status of Unrecognised Subjects: Recent Practice of "Collective Recognition", *in* Władysław Czapliński, Agata Kleczkowska（eds.）, *Unrecognised Subjects in International Law*, Scholar Publishing House Ltd., Warsaw, 2019, pp. 125-146。

25)　Francesco Gazzoni, "Malta, Order of", Max Planck Encyclopedias of International Law,（https://opil.ouplaw.com/home/mpil）.

26)　例えば，1977 年ジュネーヴ第一追加議定書 81 条 3 項。旧称の the League of Red Cross Societies として言及されている。

27)　U.N. Doc. A/INF/73/5. これは，国連憲章 71 条の定める，国連経済社会理事会と協議資格を有する NGO とは異なる。

ての権利」や「最終的判断権」を行使する場合である。IOC が
純粋に私的な団体として私的な活動しかしないのであれば，契約
の解釈適用問題として，国際私法を含む民事法の枠組みで考えれ
ば十分であることとなる。しかし，IOC が国際的かつ公的な機
能を果たそうとし，実際にもある程度果たしている現在，IOC
は何らかの「国際」的かつ「公」的な規制に服せしめられるべき，
との考え方も示されるようになってきている[28]。

　現状で IOC に対して何らかの意味で「国際」的かつ「公」的
な規制が及ぶとすれば，近年重要性を増している「ビジネスと人
権」[29]の観点からと考えられる。「企業は，人権を尊重し，人権
に悪影響を与える行為をしないことにつき，責任を有する」[30]と
する「ビジネスと人権」の考え方は，国連人権理事会においてコ
ンセンサスで支持されており[31]，日本政府もこれに基づく行動
計画を策定中である[32]。IOC は「企業」（business enterprises）
ではないとしても，企業ですらそのような責任を負うのであれば
IOC のような公的性格を持つ団体であればなおさらであり，IOC
自身，自らの行動が人権を尊重するものでならねばならないこと
は自覚している[33]。加えて，既述のとおり IOC に国連総会オブ
ザーヴァー資格が認められた理由の一つに MDGs への貢献があ

---

28)　そのような観点からの包括的研究として，Ryan Gauthier, *The International Olympic Committee, Law, and Accountability*, Routledge, Abingdon, 2017。

29)　日本語による簡便な概観として，「特集 新興国・途上国におけるビジネスと人権」アジ研ワールド・トレンド No. 223（2014 年 5 月）。

30)　Guiding Principles on Business and Human Rights: Implementing the United Nations "Protect, Respect and Remedy" Framework, 21 March 2011, U.N. Doc. A/HRC/17/31, Annex.

31)　U.N. Doc. A/HRC/RES/17/4.

32)　外務省「ビジネスと人権」（https://www.mofa.go.jp/mofaj/fp/hr_ha/page22_001608.html）。

り，現在では IOC は持続可能な開発目標（SDGs）への貢献を強調している[34]。であれば，IOC の活動が SDGs の実現に有益でないと考えられれば批判を受けることとなる。

「ビジネスと人権」の応用にせよ，SDGs に照らしての評価にせよ，何らかの法的強制力をもって IOC の活動を規律するものではない。しかし，法的強制力を行使し得るのが国家に限定される現状において，国家権力からの独立性の確保と「公」的な規制強化の要請とは二律背反でもあり，IOC が遵守すべき国際的規範（人権尊重責任や SDGs）の実施については「世論」による監視と批判にとどまるのもやむを得ない。最も効果的な批判は，国や地方自治体がオリンピック開催への立候補をしない[35]ことであろうが，大会開催から国や地方自治体が得られる政治的・経済的利益が巨大である場合には，「世論」による批判から生じる不利益がそれを上回ると判断されない限りは，IOC がいかに「専横」であれ，国や地方自治体はそれに協力し続けることになろう。

【追記（2021 年 3 月 3 日）】

2021 年 2 月 3 日に開催された日本オリンピック委員会（JOC）においてなされた森喜朗東京オリンピック・パラリンピック競技

---

33) Sport and Human Rights,〈https://www.olympic.org/olympism-in-action/sport-human-rights〉.

34) Cooperation with the UN,〈https://www.olympic.org/cooperation-with-the-un〉.

35) 近年，オリンピック開催への立候補が現地住民投票で否決される例が増えている。過大な費用負担が大きな要因と思われるが，オリンピック開催にまつわる汚職や環境破壊のおそれを理由とする例も増えてきている。Marissa Payne, "Krakow withdraws 2022 Olympic bid after residents vote 'no'", Washington Post, 27 May 2014; RTS,《Le projet de Jeux olympiques dans les Grisons est enterré》, le 5 mars 2013.

大会組織委員会会長（当時）の女性蔑視・差別発言に関する関係者の一連の動きは，本稿で指摘した IOC の「公」的な性質という観点から，極めて興味深いものであった。

　まず，IOC は，2 月 4 日になされた森の謝罪会見を受けて，「謝ったのだからこの問題はもう終わり（the issue closed/l'affaire est close）」と述べた[36]。その後，批判の集中砲火を受けて，2 月 9 日になり，森の発言を全面的に批判する声明を発表した[37]。しかも，3 月 3 日現在，2 月 4 日の声明を IOC のウェブサイトに見つけることはできない。

　日本のスポーツ団体はさらに悲惨である。JOC の山下泰裕会長は，2 月 9 日になってようやく発言そのものは批判する旨述べたが，2 月 3 日の会議の場で批判しなかったことを問われて言葉を濁し，また，辞任を求めないことを明示した[38]。この山下会長による森発言の批判は，JOC のウェブサイトに掲載されていない[39]。他のスポーツ団体に至っては，沈黙である。

　この一連の動きは，IOC・JOC・日本のスポーツ団体とも，ジェ

36）　IOC says "issue closed" after Tokyo Games head Mori apologises over sexist comments, 2021 年 2 月 4 日．（https://jp.reuters.com/article/uk-olympics-2020-mori-ioc/ioc-says-issue-closed-after-tokyo-games-head-mori-apologises-over-sexist-comments-idUKKBN2A419I）; JO de Tokyo : le président du comité organisateur contraint aux excuses après des propos sexistes．（https://www.france24.com/fr/asie-pacifique/20210204-jo-de-tokyo-le-président-du-comité-organisateur-contraint-aux-excuses-après-des-propos-sexistes）．

37）　IOC Statement on Gender Equality in the Olympic Movement, 9 February 2021,（https://www.olympic.org/news/ioc-statement-on-gender-equality-in-the-olympic-movement）．

38）　「『不適切』だった森氏発言　山下 JOC 会長，弁明に擁護も」（2021 年 2 月 5 日）（https://www.jiji.com/jc/article?k=2021020500710&g=spo）．

39）　https://www.joc.or.jp/

ンダー平等などという価値をどう実現するかということよりも，とにかく大会が開けさえすればそれで良い，と考えていることを強く示唆している。

　競技者の「競技をしたい」という思いは，いかに真摯なものであれ，私的なものに過ぎない。スポーツ団体の「大会を開きたい」という思いも同様である。にもかかわらず競技会に公金を支出し，国・地方公共団体の協力を得るのであれば，「公」の価値の観点からの正当化が必要となる。その「公」の価値とは，大会を開催することによって得られる（かもしれない）経済的利益のみであろうか。

　今回の騒動は，IOC や JOC や日本のスポーツ団体，さらにはそれらが開催する競技大会が，公的な支援に値するものであるかどうかを考えさせる貴重な機会になったと言える。

3 選手選考と紛争解決

I はじめに

オリンピック・パラリンピックへの代表選手選考に関する紛争（以下「選考紛争」という）は，自国で開催される場合にその件数が多くなる傾向があるという[1]。ところが，日本のスポーツ仲裁ではそもそも選考紛争が占める割合が高い[2]。

本章では，選考紛争を通じてスポーツ紛争解決制度を検討する。まずスポーツ紛争を概観し，その法的性質を競技者や競技団体などスポーツに関連する当事者間の法的関係から検討する（**II**）。そして，代表選手選考の仕組みを解説する（**III**）。その上で，我が国の日本スポーツ仲裁機構（JSAA）及び国際的なスポーツ紛争解決のフォーラムであるスポーツ仲裁裁判所（CAS, Court of Arbitration for Sport）における選考紛争の取扱いを検討する（**IV**〜**VI**）。

II スポーツ紛争の具体例，特徴，及び，法的性質

(1) スポーツ紛争の具体例とその特徴 ━━━━━━◆

スポーツ紛争には，①スポンサー契約や②スポーツ事故に関する紛争など一般的な法的紛争と同じものもある。

---

1) Adam Lewis and Jonathan Taylor ed., *Sport: Law and Practice*（4th edn.），Bloomsbury Professional, 2021, para. B2.95.
2) 後掲 **V**(2)参照。

他方，③代表選手選考，④競技団体が競技者に対して行う規律処分，⑤アンチ・ドーピング規則違反に対する制裁，⑥上部競技団体への加盟の可否，又は，⑦競技団体による傘下団体への処分に関する紛争のように，スポーツ特有の紛争（以下「スポーツ特有紛争」という）もある。

　スポーツ紛争，特にスポーツ特有紛争の解決には，迅速さと高度に専門的な知識の2点が必要という点に特徴がある。すなわち，翌日の試合の参加可否を決めなければならない場合があり[3]，また，スポーツ紛争の実体問題に適用される規範は，国際的にも国内的にも重層的に存在し複雑である上，統一的な判断が必要である。

(2)　スポーツ紛争の法的性質 ◆

　スポーツ紛争のうち①や②のように法的紛争（法律上の争訟）であることに争いがないものがある一方，上記③から⑦に挙げたようなスポーツ特有紛争について，我が国においては，法的紛争ではないとの主張がある[4]。

---

[3]　この要請に対応するため，オリンピックなどの大規模国際競技大会において，CAS は臨時仲裁部（Ad hoc Division）を設置し，24 時間以内に紛争を解決している。臨時仲裁部は 1996 年のアトランタ大会以降設置され，もちろん 2020 年東京オリンピックでも設置される。直近の夏季オリンピックであるリオデジャネイロ大会では 28 件の仲裁申立てがあった。臨時仲裁部について詳しくは，杉山翔一「CAS アドホック部仲裁ガイド」（公益財団法人日本スポーツ仲裁機構，2019 年〔https://www.mext.go.jp/sports/content/1422497_03.pdf〕）を参照。

[4]　道垣内正人「スポーツ基本法とスポーツ紛争」自由と正義 63 巻 1 号（2012 年）43 頁。浦川道太郎ほか編著『標準テキスト スポーツ法学〔第 3 版〕』（エイデル研究所，2020 年）329 頁。また，選手選考紛争について，松本泰介「代表選手選考仲裁における統一的規範形成の可能性」日本スポーツ法学会年報 25 号（2018 年）132 頁も同旨。

　しかし，選考紛争は法的紛争であり[5]，その他のスポーツ特有紛争についても同様に法的紛争である[6]。以下その理由を競技者と競技団体との間の法的関係という観点から説明する。

(3)　スポーツに関連する当事者間の法的関係　————◆

　競技団体の制定した規則に競技者は拘束される。これは，競技者は自らがそれらを守ることを条件として競技団体に登録をし，他方で競技団体は，規則が競技者によって守られること，及び競技団体自身もこれらを守ることを条件として，登録者を競技者として認めるためである。また，競技団体もその団体が加盟する上位の競技団体の制定した規則に拘束される。これは，上位の競技団体に加盟する際に，加入しようとする競技団体は上部団体の規則・規定を遵守することを約束しているためである。

　つまり，競技者と競技団体との関係をはじめとしたスポーツに関連する当事者間では，書面の場合や黙示的な場合も含めて，多層的な契約が存在し関係が構築されている[7]。

---

5)　清水宏「スポーツ仲裁判断の執行可能性について」東洋法学61巻1号（2017年）242頁は選手選考紛争が法的紛争であるという。

6)　なお，その他類型のスポーツ特有紛争の法的性質について詳しくは，石堂典秀＝建石真公子編『スポーツ法へのファーストステップ』（法律文化社，2018年）137頁［小川和茂］を参照。小川和茂「スポーツ仲裁」法時87巻4号（2015年）34頁以下を参照。他のスポーツ特有紛争もほぼ法的な紛争である。なお，フランスについては，公益財団法人日本スポーツ仲裁機構「〈報告書〉諸外国におけるスポーツ紛争及びその解決方法の実情に対する調査研究」（2014年）26頁［興津征雄］，及び同報告書33頁注63も参照。またドイツについては，同報告書39頁以下及び43頁［横溝大］を参照。ベルギーについては，同報告書47頁以下［濵本正太郎］を参照のこと。スイスについては，同報告書55頁以下［濵本］を参照。

7)　スポーツに関連する当事者間の法的な関係につき分析するものとして，Lewis and Taylor, supra note 1), paras. E8.1 – E8.14参照。

なお，解釈の幅がある規則や選考基準であったり，競技団体の決定に際し裁量権を大きく与える規則や選考基準であったりする場合でも契約の解釈の問題となるだけである。また，スポーツ仲裁機関はそのような裁量や解釈の幅を考慮し競技団体の決定に介入することに消極的であったとしても，このような議論は競技団体と競技者との法的な関係性には影響を与えない。

　日本では，競技者に規則を示すことなく登録届を提出させる場合やそもそも届出がない場合も多く，競技者と競技団体との関係が契約関係だという認識は薄い。しかし，国際的には契約関係の存在を前提にシステムが設計されている[8]。

Ⅲ 代表選手選考の流れと選考紛争が生じる要因

(1) 代表選手選考の流れ

　例えばオリンピックの場合，国内オリンピック委員会（以下「NOC」という）が，国内競技連盟（以下「NF」という）による選考を経て推薦された競技者を派遣する。

　より詳細にみると，大会主催者である国際オリンピック委員会（以下「IOC」という）は，開催競技種目と出場可能人数枠を指定し，各競技を国際的に統括する国際競技連盟（以下「IF」という）に対して通知する[9]。それを受けて，IF は，各競技種目の出場枠の分配方法や競技参加条件を決定し各国で競技を統括する NF 等に通知する。そして，IF により NOC に割り当てられた出場

8)　小寺彰「国際スポーツ法」道垣内正人＝早川吉尚編著『スポーツ法への招待』（ミネルヴァ書房，2011 年）111 頁は，我が国の状況について，「日本は 2 周遅れだと言ってよい」と述べる。

枠の範囲内で，NF は，IF が指定する派遣標準記録及び NF 独自の選考基準を満たす競技者を選考し，NOC に推薦する。そして，NOC は，推薦を受けた競技者のオリンピックへの派遣の可否を決定する。

　例えば，IF である国際陸連は[10]，2020 年東京オリンピックのマラソンについて最大出場者数は男女各 80 名とし，各 NOC が派遣標準記録（男子 2 時間 11 分 30 秒，女子 2 時間 29 分 30 秒）を満たす競技者を 3 人まで派遣可能とした[11]。3 名以上の派遣標準記録突破者がいる場合には，NOC が派遣する競技者を決定するとした[12]。NOC である日本オリンピック委員会は，代表選手の選考・推薦を NF である日本陸連に委任し，日本陸連は選手選考要項などを制定し[13]，選考会の開催や独自の派遣設定記録を決定し，選考を行う。

(2)　なぜ選考紛争が生じるのか ————————————◆

　選考基準には，タイム，ランキング，若しくはポイントのような客観的基準，選考者の裁量に委ねられる主観的基準，又は客観的基準と主観的基準の組合せという 3 つの要素が存在する。客観的基準を用いることが望ましいが，例えばチームスポーツなどを

---

9)　2020 年東京オリンピックについて，https://stillmed.olympic.org/media/Document%20Library/OlympicOrg/Games/Summer-Games/Games-Tokyo-2020-Olympic-Games/Tokyo-2020-event-programme.pdf#_ga=2.150389045.2082330338.1580091259-2116929278.1580091259 を参照。

10)　https://www.worldathletics.org/competition/standards/2021 を参照。

11)　前掲注 10) のサイトより Qualification System - Games of the XXXII Olympiad - TOKYO 2020（28 May 2020）を参照。

12)　同上。

13)　https://www.jaaf.or.jp/files/upload/201905/29_154049.pdf。このほか，http://www.mgc42195.jp/glossary/ も参照。

考えた場合に必ずしもランキングなどが上位の者だけで組成した チームが最高の成績を収めるわけではないことを考えると，主観 的基準を用いざるを得ないことも納得できよう。もっとも主観的 基準を用いる場合であっても，選考者に与えられた裁量は，選考 基準の目的を考慮し，偏りなく，公正かつ合理的に行使されるべ きである。

　主観的基準が利用される場合，例えば，「国際大会においてメ ダル獲得を目指せる競技力を持つ者を選考する。そのような競技 力の有無について，直近の競技成績のほか，対戦相手，ポイント 獲得状況，調子，その他競技成績に影響した可能性のあるすべて を考慮する」という基準の場合，裁量権行使の範囲を巡って争い の余地がある。

　客観的基準を正しく適用しない場合，恣意的な基準の適用，あ るいは，選考手続に違反がある場合にも紛争が生じ，競技団体の 決定は取り消される可能性が高い。

　なお，上記の選考紛争は具体的な選考基準の当てはめを巡る紛 争であるが，他方で，そもそも選考の対象となる競技者かどうか が問題となるものがある。いわゆる競技者の「Eligibility（資格）」 に関する紛争であり，CASではこの点に関する紛争も取り扱わ れている。しかし，本項目では紙幅の関係上取り上げない。

Ⅳ　スポーツ紛争とその解決

⑴　スポーツ仲裁とその歴史　────────────◆

　スポーツ紛争の解決には，「仲裁」が利用される[14]。仲裁とは， 中立・公正な第三者（仲裁人）に紛争を付託し，当該仲裁人の判

断（仲裁判断）には従うという合意（仲裁合意）に基づく紛争解決手続である。仲裁の利用には，当事者間に「仲裁合意」が必要となる。スポーツ仲裁では，競技者と競技団体との間で仲裁合意が成立する仕組みが用意されている[15]。

仲裁は，国際商事仲裁をはじめとして，長きにわたり盛んに利用されてきたが[16]，スポーツ仲裁の歴史は相当浅い。CAS は，国際的なスポーツ紛争解決のフォーラムとして IOC によりスイス・ローザンヌに 1984 年に設立された。現在では年間 600 件程度の仲裁申立てがある[17]。また英国の Sport Resolutions やカナダの SDRCC のように，スポーツ専門仲裁機関を設立した国，オーストラリアのように CAS の支部を設置する国，米国やドイツのように既存の仲裁機関がスポーツ紛争を取り扱う国などがある。日本では，スポーツ専門仲裁機関として JSAA が 2003 年に設立された[18]。

(2) なぜスポーツ仲裁が利用されるのか ──────◆

その理由は，II(1)で述べたスポーツ紛争の特徴にある。極めて

---

14) スポーツ紛争の解決には裁判も利用できる場合がある。詳しくは，石堂＝建石編・前掲注 6)138 頁以下［小川］を参照。

15) 競技者登録の際の書面に仲裁条項がある場合や，仲裁申立時に競技者と競技団体との間で仲裁合意が自動的に成立する自動応諾条項を競技団体が定める場合もある。我が国では後者が多い。

16) 国際商事仲裁について詳しくは，谷口安平＝鈴木五十三編著『国際商事仲裁の法と実務』（丸善雄松堂，2016 年）が参考になる。

17) 件数の統計については https://www.tas-cas.org/fileadmin/user_upload/CAS_statistics_2020.pdf 参照。

18) 設立経緯について，道垣内正人「日本におけるスポーツ仲裁制度の設計──日本スポーツ仲裁機構（JSAA）発足にあたって」ジュリ 1249 号（2003 年）2 頁などを参照。

迅速な解決の必要性からは，裁判では適切ではなく，手続を柔軟に構成することで迅速に対応でき，一審制であり手続的な瑕疵がある場合などの限られた場合にしか取消しが認められない[19]仲裁が望ましい。また，高度な専門的知識を持つ仲裁人を選定することで複雑な規則にも対応できる。また，仲裁合意の存在は妨訴抗弁となるため[20]，競技団体は訴訟リスクを回避できる。

(3) スポーツ仲裁手続の実際

　CASやJSAAのようなスポーツ仲裁機関は[21]，仲裁手続の管理を行い，スポーツ紛争を直接判断しない。事件ごとに構成された仲裁廷（仲裁パネル）が判断する。

　手続は，仲裁規則に従って行われる[22]。競技者等は，競技団体による処分・決定に対して不服申立てができるが，競技中の審判の判定[23]に対する不服申立てはできない。

19）　仲裁判断取消事由については，仲裁法44条1項を参照。

20）　我が国では仲裁法14条。仲裁合意の存在はほぼどこの国でも妨訴抗弁となる。

21）　手続について詳しくは，JSAAについて浦川ほか編著・前掲注4)324頁以下を参照。CASについては，Lewis and Taylor, supra note 1), Chapter D2を参照。また，一般社団法人日本国際紛争解決センターが作成したビデオ教材がJSAA（https://www.youtube.com/playlist?list=PLa9n4aBhRPwa49BGTP1hgzXv9KEle09qt）及びCAS（https://www.youtube.com/playlist?list=PLa9n4aBhRPwbtZyvTgsqzmVtKVoT7Q1hr）の仲裁手続を解説している。

22）　例えばJSAAであればスポーツ仲裁規則やドーピング紛争に関するスポーツ仲裁規則，CASであればCAS規程が仲裁規則である。

23）　CASでは明文の規定はなく先例によるが（競技中の審判の判定に対する不服申立ては認められない〔Field of Playの原則〕），JSAAではスポーツ仲裁規則2条1項が明文で規定する。例外があり，審判の判定が，悪意（bad faith）によるものや恣意的であることを競技者が証明した場合は不服申立ての対象となる（CAS 2017/A/5373及びそこで引用されている仲裁判断参照）。Field of Play原則に対する例外に関するCAS先例の考え方はJSAA仲裁にも該当する。

　申立受理後，3名の仲裁人から仲裁廷が構成され（事案の緊急性や類型に応じて，1名の仲裁人による場合もある），手続を主宰する。

　仲裁廷の指揮の下，当事者による書面のやりとりが行われ，弁論，証拠調べ，及び証人尋問などを行う審問も経て，仲裁判断が下される。この点はスポーツ仲裁以外の仲裁手続と変わらないが，スポーツ仲裁手続は極めて迅速に行われる。

　仲裁判断は仲裁機関のウェブサイトで公開される場合が多い[24]。紛争解決までの期間は，緊急時には申立て当日に仲裁判断が下されるが，通常は2〜4か月程度が見込まれる。

　仲裁判断に対する上訴はできず一審制である。しかし，仲裁手続に瑕疵がある場合など限定された事由に基づき，裁判所に対して仲裁判断取消しの申立てができる[25]。とはいえ，仲裁判断取消しが認められるケースは少ない[26]。

---

[24]　JSAAではすべての仲裁判断が原則として公開されるが，CAS，SDRCC，Sport Resolutionsなどでは公開される割合の差はあるが，すべての仲裁判断が公開されているわけではない。

[25]　CASであれば仲裁地であるスイスにおいて国際私法典（仲裁法）に基づき連邦最高裁判所に対してのみ仲裁判断取消しを求めることができる。アクセスしやすい邦語文献として杉山翔一「CAS仲裁判断の取消，再審制度」（公益財団法人日本スポーツ仲裁機構，2019年〔https://www.mext.go.jp/sports/content/1422497_05.pdf〕）がある。また，Lewis and Taylor, supra note 1) paras. D2.174-194. 他方で，JSAAの仲裁判断についても，仲裁法の規定に基づき仲裁地である東京を管轄する裁判所などに仲裁判断取消しを求めることができるが，これまでに仲裁判断取消しが申し立てられたことはない。

[26]　Lewis and Taylor, supra note 1), paras. D2.17, D2.175によれば，2020年6月までで13件のCAS仲裁判断が取り消され，仲裁判断取消手続の成功率は全仲裁判断の約0.5%だと報告されている。

⑷　スポーツ仲裁判断の基準 ━━━━━━━━━━━━━━━◆

　どのような場合に競技団体の決定が取り消されるのかを確認する。

　JSAA のスポーツ仲裁ではスポーツ仲裁規則 43 条が「競技団体の規則その他のルール及び法の一般原則に従って仲裁判断をなすものとする。ただし，法的紛争については，適用されるべき法に従ってなされるものとする」と規定する。実際の JSAA 仲裁事例では，競技団体の運営について一定の自律性を認め，その限度で仲裁機関は競技団体の決定を尊重することを前提にしつつも[27]，競技団体の決定が取り消される場合として，以下の 4 要件が示されている。すなわち，競技団体の決定が，①その制定した規則に違反している場合，②規則には違反していないが著しく合理性を欠く場合，③決定に至る手続に瑕疵がある場合，又は④決定の根拠となった規則自体が法秩序に違反しもしくは著しく合理性を欠く場合である[28]。これら 4 要件は，スポーツ仲裁規則 43 条の規定を具体化したものとして理解できる。特に，②及び④はスポーツ仲裁規則 43 条にいう法の一般原則の具現化と理解できよう。

　他方 CAS では，CAS 規程 R58 が「パネルは，当事者が選択した規則及び法に従って（そのような選択がない場合には，上訴の対象となっている決定を下した連盟，連合その他のスポーツ団体の所在する国の法に従って），又は，パネルがその適用を適当と判断する法に従って，紛争についての判断を下さなければなら

---

27)　JSAA-AP-2003-001 号事案。

28)　JSAA-AP-2004-001 号事案以降引用されている。以下「4 要件」という。

ない。後者の場合には，パネルはその理由を付さなければならない」と規定する。またCAS規程には明文で規定されているわけではないが，先例によれば[29]，CAS仲裁には法の一般原則（general principles of law）の適用がある[30]。

　したがって，JSAAもCASもスポーツ仲裁判断の基準は類似していると考えられる。

(5)　競技団体の決定が取り消された場合の　　　　◆ 仲裁パネルの対応

　JSAAでもCASでも，競技団体の決定が取り消される場合，その決定を代替する決定をスポーツ仲裁パネルがすることは稀であり[31]，仲裁判断を踏まえて競技団体は選考のやり直しをすることになる。例えば選考紛争の場合のように，大会のエントリー期限が差し迫っているなどの場合であって，競技団体の決定を取り消すだけでは競技者が大会に出場できず出場機会を失う危険性が高く重大な損害を被るような場合，客観的な選考基準であるため申立人が選考されることが明らかな場合，あるいは，原決定をした競技団体に問題がある場合などには，例外的にスポーツ仲裁パネルが選考決定を行った競技団体に代わって競技者の選考を命じることがある[32]。

---

29)　CAS 98/200 para. 156.

30)　CAS先例において法の一般原則であると認められた具体的内容については，Lewis and Taylor, supra note 1), para. D2.133 を参照。

31)　CAS 2002/A/361; CAS 2008/A/1549; CAS 2008/A/1539. JSAA-AP-2010-005号事案，JSAA-AP-2011-003号事案，JSAA-AP-2015-003号事案では，選考決定が取り消されたにとどまる。

32)　例えば，JSAA-AP-2013-005号事案。またLewis and Taylor, supra note 1) para. B2.89及びそこに引用されるCAS仲裁判断を参照。

Ⅴ　JSAA のスポーツ仲裁手続と選考紛争

(1)　JSAA と選考紛争

　JSAA では選考紛争が多い。2020 年度までにアンチ・ドーピング規則違反に関する事例を除く 66 件の仲裁判断中 27 件が選考紛争である[33]。選手選考に関する競技団体の決定が争われた事案では，4 要件のうち②が争点となるものが多い。

　選考紛争が認容されることは少ない[34]。また，選考基準の定立を競技団体に求める仲裁申立てもあるが，公正かつ明確な選考基準が定立されるべきとの認識は述べつつも，JSAA のスポーツ仲裁は競技団体の決定に対する不服申立てを扱い，選考基準の定立を求める申立ては扱わないとした[35]。

　選考紛争でも，競技団体の裁量は広く，明示された選考基準に合致していない選考決定であっても，当該決定が著しく不合理であると判断されない場合もある[36]。

　なお，選考基準自体の取消しが求められた事案では，仲裁パネルは本案として判断をしたが，選考決定の取消事案より慎重な配慮が要求されるため，社会通念上著しく合理性を欠き制定権者の

---

[33]　筆者調べ。他の類型として，規律処分に関する紛争が多数ある。なお，2020年度については本項目執筆時点において数件の係属中事案がある。

[34]　JSAA-AP-2010-005 号事案，JSAA-AP-2011-003 号事案，JSAA-AP-2013-005号事案，JSAA-AP-2015-003 号事案，JSAA-AP-2019-006 号事案。なお，JSAA-AP-2016-002 ～ 005 号事案は当事者の和解内容を仲裁判断とした事例であるが，実質的には申立人の請求が認容された事案と考えて良いだろう。

[35]　JSAA-AP-2010-005 号事案，JSAA-AP-2013-003 号事案，JSAA-AP-2014-007号事案。

[36]　後掲(2)参照。

裁量権の範囲を逸脱してこれを濫用したと認められる場合に限って取り消されるべきであると一般論を述べ，結論として申立人の請求を棄却した[37]。

(2) 選考決定が取り消された事案とその傾向 ────────◆

　選考決定が取り消された例としては，選考会中にイレギュラーな事態が発生しその対処のために事前に明示された選考基準で選考が行われなかった事案がある。この事案において仲裁パネルは，選考基準自体が著しく不合理でなければ，それに従って競技団体は選考すべきだが，選考基準に明記されていないイレギュラーな事態が生じた場合，競技団体が別途合理的な選考方法を設定の上，それにより選考決定をする余地があるとした。もっとも，この事案において結論としては，イレギュラーへの対処方法は多数考えられるが競技団体は対処方法を十分に検討せずに選考決定したことが著しく合理性を欠くとした[38]。また，明示された選考基準を原則としつつも，競技団体には，例外的に専門的見地や戦略的見地などから，合理的な範囲での裁量判断が認められる余地があり，例えば上位成績者の成績を凌駕することが明白な場合など，上位成績者以外の者を選出する合理的な理由が認められる場合には，例外的に上位成績者以外から国際大会派遣対象者を選出することも許されるとしたものがある[39]。

　他方で，近時興味深い仲裁判断例がある。1件は禁反言の原則を「法の一般原則」と位置付け，競技者に対する大会出場資格の説明時の記載ミスを信じた競技者に大会出場資格を認めたものが

---

37) JSAA-AP-2018-018号事案。
38) JSAA-AP-2011-003号事案。
39) JSAA-AP-2013-005号事案。

ある[40]。これは，明示された選考基準や大会要項がある場合，競技者はその条件に従って参加資格を得られることや選考がなされることについて，正当な期待（legitimate expectation）が生じており，そのような期待は保護されなければならないという投資条約でよく見られる公正衡平待遇（fair and equitable treatment）義務のようなものと考えることもできよう。

VI CASにおける選考紛争

(1) CASと選考紛争

　CASで選考紛争が取り扱われる割合はJSAAと比較すると少ない。選考紛争の多くは，国内レベルで処理されるためである[41]。そのため，国内紛争をCASへ付託しているオーストラリアの事案のものが多く[42]，臨時仲裁部で取り扱われたものを除けば[43]，数件である。日本では著名なシドニー大会における代表選手選考が争われたChiba v. Japan Amateur Swimming Federation事件[44]は，そのような数少ない事案の1つである。

　選考紛争とは性質が異なるが，国際的な競技大会への出場可否

40）　JSAA-AP-2019-006号事案。

41）　例えば英国では，2012年のロンドン大会の際にSport Resolutionsは19件の選考紛争に対応した。そのうち1件で選考決定が覆されたにとどまる。

42）　例えば，CAS 2000/A/260，CAS 2000/A/284，CAS 2002/A/361，CAS 2008/A/1539，CAS 2008/A/1540，CAS 2008/A/1549，CAS 2008/A/1574，CAS 2012/A/2828，CAS A1/2016など。

43）　例えば，CAS OG 00/002，CAS OG 04/001，CAS OG 06/008，CAS OG 08/003，CAS OG 10/001，CAS OG 12/006。

44）　例えば，JSAA設立前に生じた日本国内での選考紛争であるChiba v. Japan Amateur Swimming Federation, CAS 2000/A/278。

に関連する広義の選考紛争として，IF と NF との間で参加枠の
分配を巡る紛争[45]，資格を巡る紛争[46]などが CAS で取り扱われ
る[47]。

(2) 選考決定が取り消された事案とその傾向 ————————◆

CAS 仲裁判断例においても，選考決定に際して各国の競技団
体の裁量が広く認められることが前提となっている[48]。CAS OG
18/006 では選手選考に関して NF に与えられた裁量は broad and
deep（広く深い）であると述べる[49]。

したがって，競技団体による選考決定が取り消される場合は，
選考基準が適切に適用又は実施されていない場合[50]，選考決定
に現実の偏見（actual bias）があった場合[51]，選考基準の公表後
における恣意的あるいは不公正な変更があった場合[52]，競技団
体が競技者に対して選考されることを保証し，その通りに選考が
なされるとの正当な期待（legitimate expectation）が認められる

---

45) 近時のものとして，未使用枠の分配に関する紛争である Japan Mountaineering
& Sport Climbing Association v. International Federation of Sport Climbing, CAS
2019/A/6557 and 6663 がある。

46) 例えば，CAS 2011/O/2422 や CAS 2011/A/2658 のような過去のアンチ・ドー
ピング規則違反者のオリンピック出場を制限するいわゆる「大阪ルール」の当否が
争われた事案，IF が直前に参加要件（Olympic Qualification System）の変更に対し
て不服申立てがなされた CAS 2008/O/1455 などがある。

47) 杉山・前掲注3)23-25 頁を参照。

48) CAS 2000/A/278. 近時のものとして，CAS OG 18/006 がある。

49) CAS OG 18/006, para. 6.14.

50) CAS 2000/A/260，CAS 2000/A/284，CAS 2002/A/361，CAS 2008/A/1539
及び 1574，CAS A1/2016，CAS OG 12/006，CAS OG 00/002。

51) CAS 2008/A/1549. もっとも，この事案は選考基準を適切に適用しなかった場
合とも評価できそうである。

52) CAS 2000/A/284, CAS OG 06/008, CAS 2008/O/1455, CAS 2012/A/2845.

場合[53]，選考をしないことが禁反言の原則に反する場合[54]，などに限られる。

CAS仲裁廷は，競技団体の選考決定における裁量を広く認める一方，選考基準，選考過程の規定不遵守の場合には，CASの事案はオーストラリアの紛争が多く，同国では選考基準・選考過程が詳細に定められていることもあるだろうが，競技団体の決定が覆される。

(3) CAS仲裁とスイス法 ———————————◆

CASの場合，審問地に関係なくスイス・ローザンヌに仲裁地がある。仲裁地国が仲裁判断取消訴訟の国際裁判管轄を持つのが原則であるため，CAS仲裁判断に対する不服申立てはスイスの裁判所にすることとなる。その際，スイス国際私法典190条が定める仲裁判断取消事由に従うことになるが，その1つに「仲裁判断が公の秩序に適合しない場合」（同条2項(e)）が定められている。ここにいう「公の秩序」とは，スイスの公の秩序である。

スポーツの世界においては，ある国内の問題であったとしても，最終的にIOCやIFが決定権を持っており，これらの決定に対する不服申立てはCASになされる。また，アンチ・ドーピング規則違反に関する紛争も最終的にはCASが判断する。そして，CASの仲裁判断に対する不服申立てはスイス連邦最高裁判所に対してのみ可能で，そこではスイスの公の秩序に適合しているか否かが審査される。

以上の可能性を考えると，IFや各国NFも決定を下す際には

---

53) CAS 96/153.

54) CAS OG 02/006, CAS OG 08/002. なお結論としては競技者の請求が棄却されたものの，CAS OG 14/002。

スイスの公の秩序との適合性を考慮せざるを得ない。スポーツ法の実務家にとってはスイス法に関する素養も求められる場合がある。

VII おわりに

　選手選考に関し競技団体が持つ裁量が大きいことは，CAS も JSAA の手続でも同様である。そして，この点は英国や米国などでも同じように考えられている[55]。また，競技団体の選考決定が取り消されたとしても，通常は当該決定を行った団体が再度の決定を行うよう差戻しが行われる。このようなスポーツ仲裁廷の態度の背景には，スポーツ団体はその統括するスポーツに関して専門知をもって適切な選考基準を設定しているという前提がある。

　CAS でも JSAA でも選考紛争に対する考え方にはそれほど違いがないことが以上を通して分かる。しかしながら，JSAA の仲裁判断例の方が明示された選考基準を原則としつつも，競技団体には，例外的に専門的見地や戦略的見地などから，合理的な範囲での裁量判断が認められる余地を認めている点で，明示された選考基準からの乖離は競技団体の決定取消しに繋がる CAS 仲裁判断例とは異なる。

　CAS の案件はオーストラリアの紛争がメインであり，選考基準や選考過程が詳細に決められているため，そこからの乖離の判断も容易であることが，このような差異を生んでいる。逆にいえば，日本国内では依然として詳細に定められることが少なく，競

---

55)　例えば，英国の Team Spirit v. NISA, S/528/2016, para. 3.1 や米国の Merson v. USA Triathlon, AAA Case No. 77 190 272 12 JENF（2012 年）など。

技団体の裁量も大きい基準となっている。

　選考基準は，競技者にとっては競技能力を向上させるための目指すべき目標となる極めて重要なものであり，競技団体にとってもどのような競技者が自身の統括する競技種目において良い競技者なのかを明らかにする極めて重要なものである。

　したがって，選考基準は明確かつ理解しやすい言葉で文書化されるべきである。また，選考基準では，選考対象者となるための資格基準，選考基準で示される各要素の比重，選考対象期間，選考に関連する事項の決定権限を持つ機関並びにその者の氏名，情報提供窓口，イレギュラーの場合などに選考基準からの乖離を認める裁量に関する規定，選考を解除する場合の規定，不服申立手続の特定がなされるべきである[56]。競技者は選考基準が遵守されることに正当な期待を持ち[57]，これは保護されるべきであろう。

---

56)　Lewis and Taylor, supra note 1), paras. B2.12 – B2.13.

57)　Id. para. B2.15. また，CAS 2000/A/284 para. 29 参照。

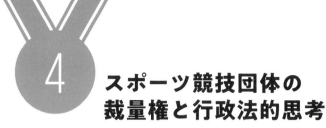

スポーツ競技団体の裁量権と行政法的思考
——選手選考を中心に

  はじめに

　C選手は，女子X競技において，世界的な人気・実力を博しているが，東京オリンピックの代表チームのメンバーに入っていなかった。そのため，C選手は，国内競技団体の代表選手選考の不当性を訴えて本国においてスポーツ仲裁の申立てをしている。それに対し，国内競技団体は，「代表選考には国内競技団体に一定の裁量権がある」と主張し，C選手のスポーツ仲裁の申立てに反駁している。

　——この設例について行政法の観点から考えよというのが，本書の企画者である早川吉尚教授から筆者に与えられた課題である[1]。早川教授の設例では，C選手は日本以外のどこかの国に属している想定のようであるが，本項目では，上記のような代表選手選考を巡る紛争が日本選手と日本の国内競技団体との間に生じ，日本スポーツ仲裁機構（JSAA）にスポーツ仲裁の申立てがされた場合に[2]，どのような基準を用いて判断されるかについて検討する（パラリンピックについては割愛し，オリンピックのみを念頭に

---

1)　項目1（→7頁）。

2)　スポーツ仲裁判所（Court of Arbitration for Sport）のような国際仲裁機関に申立てがされることもあるが（日本選手による申立ての例として，Arbitration CAS 2000/A/278, Chiba / Japan Amateur Swimming Federation（JASF）, award of 24 October 2000），本項目では触れない。

置くが，実体的判断基準は共通である）。

　JSAA における仲裁制度の仕組みや手続については，項目 **3** の小川和茂論文に譲り，本項目では，実体法的側面に焦点を当てる。以下では，代表選手選考の仕組み（**Ⅱ**）とその法的統制（**Ⅲ**）について順に検討する。

Ⅱ　代表選手選考の仕組み

(1)　オリンピック・ムーブメント　──────◆

　オリンピック代表選手選考の仕組みを理解するには，国際オリンピック委員会（IOC），国内オリンピック委員会（NOC）（日本オリンピック委員会〔JOC〕もその 1 つ），国内競技団体（連盟）（national federation = NF），その加盟する国際競技連盟（international federation = IF）の複雑な関係を知っておく必要がある。IOC を頂点とし，これらの団体を構成要素とする運動は，オリンピック憲章[3]において「オリンピック・ムーブメント」（Olympic Movement）と呼ばれる（規則 1）。オリンピック・ムーブメントにおいて IF は各競技（テニスとか水泳とか）を代表し（規則 25），NOC は各国を代表する（規則 27）。NF は，各競技においては IF に従属し，各国においては NOC の傘下に収まるという二

---

3)　本項目では 2019 年 6 月 26 日から有効のものを基準とし，引用に当たっては JOC のウェブサイトで公開されている英和対訳（https://www.joc.or.jp/olympism/charter/）を参考にした。なお，オリンピック憲章では，本則に当たる規定が規則（Rule）と呼ばれ，それに付属細則（Bye-law）が付されることがある。また，冒頭でオリンピズムの根本原則（Fundamental Principles of Olympism）が定められている。

重構造になっている（規則29）。NOCは，IFの統括する各競技について，2つ以上のNFを承認することはできない（規則27，28付属細則）。

　夏季・冬季のオリンピックは，オリンピック・ムーブメントの中核を占めるイベントである（根本原則3）。大会出場選手の選考基準は，IFが定め，IOC理事会の承認を得なければならない。選考基準の適用は，IF，IFに加盟するNF，及びNOCがそれぞれの責任の範囲において行う（規則40付属細則）。出場選手は，NFの推薦に基づいてNOCが登録する[4]。NOCは高いレベルの国際競技大会に向け十分な準備を整えた競技者のみをオリンピックに派遣する。出場選手登録はIOCによる承認を必要とする（規則44）。

(2) 選手と競技団体の関係

　選手とNFの関係は，法的にどう捉えられるだろうか。この点は議論の蓄積が十分でなく，未解明な部分が多いが，ここでは試論的に，契約法的な捉え方と団体法的な捉え方とを対比してみたい。

　選手は，NFに競技者登録をすることにより，NFやIFが定める諸規則を遵守する義務を負うとともに，オリンピックその他NFやIFが主催又は公認する競技会に参加する資格を得る。登録により，選手が法的な意味でNFの構成員（法人の社員等）になるわけではない。諸規則が一種の約款であると考えれば，NFと選手との関係は，契約関係と捉えることができる[5]。NFがどのような基準でオリンピックを含む競技会への参加資格を与える

4）　選手選考の流れについて詳しくは，項目**3**（→ 26-27頁）。

かも，契約の内容に含まれると考えることができる[6]。

　しかし，代表選考基準を含む諸規則は，しばしば改正される。その際，既登録選手の同意を得る手続は，普通は執られない。また，各団体は，選手を対象とする懲戒規程を定めており，選手はその包括的な適用に服する。つまり，選手は，競技団体との関係で，団体法的な権能の行使を受ける地位に置かれる。選手選考権限も，NF が IOC や IF から委任された権限を，その登録下にある選手に対して行使していると見ることもできる。

　契約法的な捉え方と団体法的な捉え方とは，必ずしも矛盾するわけではない。例えば，私立大学と学生との関係について見ると，在学関係の設定は契約によりつつも，いったん在学関係が設定された後は，大学が学生に対して包括的な規律権能を持つとされている[7]。選手と NF の関係も，これに準えて捉えることができるのではないだろうか。問題となる局面に応じて，契約法的な規律と団体法的な規律を使い分ければよいだろう。

　その際，注意すべきことが 2 点ある。第 1 に，選手は仮に NF による権限行使に不満があっても，登録を抹消して他の競技団体に移籍できるわけではない。前述のように，オリンピック憲章は，1 国内で 1 競技につき 1 つの NF しか認めていないので，オリンピック出場を目指す以上は，その NF に登録せざるをえない。言い換えれば，NF は代表選手選考について，独占的地位を有している。その点で，契約法的な捉え方ができるとしても，選手の自

5)　多田光毅ほか編著『紛争類型別 スポーツ法の実務』（三協法規出版，2014 年）125 頁［石田晃士］は，「複合的な無名契約」としつつ，「すべての選手登録が厳密な意味での契約に該当するかは明らかではない」とする。

6)　項目 3（→ 25-26 頁）参照。

7)　最判昭和 49・7・19 民集 28 巻 5 号 790 頁（昭和女子大事件）。

由意思が著しく制約されていることを考慮すべきである。

　第2に，団体法的な捉え方は，必ずしも司法審査の排除と結びつくわけではない。スポーツ団体が行う権能の行使に関する紛争は，他の種類の団体の内部紛争と同じく，「それが一般市民法秩序と直接の関係を有しない内部的な問題にとどまる場合には，原則として当該団体内部の自治的，自律的な解決にゆだねるのが相当であり，裁判所の司法審査は及ばない」とするのが判例である[8]。しかし，オリンピックのような社会的に認知された競技会に出場することは，アスリートにとっては又とない自己実現の機会であろうから，その利益は選手個人の人格的利益として法的に保護されるべきであり，NF の内部的決定に委ねてよいとは思えない[9]。NF が選考権限を独占していることからすれば，なおさらである。

　とはいえ，実際には，選手選考を巡る紛争が裁判所に持ち込まれることはほとんどなく，たいていは仲裁合意に基づき前述のスポーツ仲裁が利用される[10]。JSAA のスポーツ仲裁パネルは，競技団体が有する裁量権を尊重しつつ，それを統制するための基

---

[8]　東京地判平成 22・12・1 判タ 1350 号 240 頁（学生スキー競技連盟が会員校のスキー部に対してした大会出場停止処分等の司法審査対象性を否定）。

[9]　項目1（→7頁）では，団体の裁量権を「部分社会の法理」により根拠づけているが，本文で述べたこととの関係で注意が必要である。「部分社会の法理」は，判例上，司法審査拒否の論拠として用いられるが，団体の内部的自律の尊重が当然に司法審査の否定を含意するわけではないからである（井上武史『結社の自由の法理』〔信山社，2014 年〕290-292 頁）。本文で述べたとおり，契約法や団体法の観点から裁量権が認められる根拠を個別に考察し，それに応じて司法審査対象性やその範囲を確定していくべきであろう。

[10]　JOC は加盟団体に対して，JSAA への仲裁申立ての受諾を義務づけている（加盟団体規程 9 条 8 号）。「スポーツ団体ガバナンスコード〈中央競技団体向け〉」（令和元年 6 月 10 日，スポーツ庁）原則 11 も同旨。

準を提示している。以下では，それについて詳しく見ていく。

Ⅲ　スポーツ仲裁による裁量統制

(1)　統制の基準

　NF には，当該競技に関する専門的見地や大会で好成績を上げるための戦略的見地から，選考基準上一定の裁量権が与えられている（と解釈できる）ことが多い。しかし，その裁量権は，あくまでも権限の趣旨・目的に応じて，合理的な範囲内でのみ認められるものである。

　JSAA において競技者が競技団体の決定を争ったスポーツ仲裁の判断例においては，以下のような判断基準がくり返し用いられている[11]。

　「日本においてスポーツ競技を統括する国内スポーツ連盟については，その運営に一定の自律性が認められ，その限度において仲裁機関は，国内スポーツ連盟の決定を尊重しなければならない。仲裁機関としては，①国内スポーツ連盟の決定がその制定した規則に違反している場合，②規則には違反していないが著しく合理性を欠く場合，③決定に至る手続に瑕疵がある場合，または④国内スポーツ連盟の制定した規則自体が法秩序に違反しもしくは著しく合理性を欠く場合において，それを取り消すことができると解すべきである。」[12]

---

11)　ドーピングに関するスポーツ仲裁では，前提がまったく異なるので，この判断基準は用いられない。詳しくは，項目 **5・6** を参照。

　仲裁判断の主体は，事件ごとに選任された仲裁人から構成されるスポーツ仲裁パネルである。パネルは，事件ごとに独立しており，異なる事件におけるパネルの判断に別のパネルが従うべき義務はなく，したがって先例拘束性もない。しかし，上記の判断基準は，JSAA におけるスポーツ仲裁が始まった 2003 年から安定して用いられており[13]，事実上スポーツ仲裁の"判例"と呼ぶべき位置づけを得ている。

　この判断基準は，代表選手選考に限ったものではなく，懲戒処分などにも適用されている。選手選考に関する競技団体の判断の適否については，特に，「選考過程において，試合結果等の数値を考慮せず恣意的な判断を行う等，競技団体としての専門性を放棄するような裁量を逸脱する判断が行われた場合にのみ」選考決定が無効になるか取り消されるという判断基準が，複数の仲裁判断例で示されている[14]。

　この基準からすれば，選考権限が与えられた趣旨・目的からして，選考に際し考慮すべきでない事項——例えば早川教授の設例では，肖像権やパブリシティ権を巡る選手と競技団体との対立関係が挙げられていた（→ 3-4 頁）——を主たる理由としてその選手を代表から外したのであれば，当該決定は，①又は②に該当するとして，取り消されることになるだろう。

12）　例えば，JSAA-AP-2019-007（テコンドー）。なお，JASS の仲裁判断は，事件番号と競技名で引用する。判断文は http://www.jsaa.jp/award/ から閲覧可能。
13）　第 1 号である JSAA-AP-2003-001（ウエイトリフティング）において，①〜③の基準が採用され，その後の JSAA-AP-2003-003（身体障害者水泳）で④が付加された。
14）　JSAA-AP-2010-004（ボウリング），JSAA-AP-2010-005（障害者バドミントン），JSAA-AP-2013-005（ボッチャ）。

(2) 統制の根拠 ━━━━━━━━━━━━━━━━━━━━━━━◆

①～④の基準は，行政裁量の統制基準によく似ている。競技団体は，選手に対して優越的地位に立っており，団体が一方的に行う決定に名宛人が不服を申し立てるという構造は，行政訴訟（処分取消訴訟）によく似ている。そのため，スポーツ仲裁で行政裁量の統制基準に似た判断基準が用いられるのは，直感的にはわかりやすい[15]。

しかし，競技団体は，あくまでも私人であって，行政機関ではない。競技団体が自ら定めた規則に拘束されることや，権限の趣旨・目的とは関係のない事項を考慮してはいけないことは，選手との契約関係で説明できるとしても，手続の瑕疵や，著しく合理性を欠く場合など，規則の明文に反したとはいえないような取消事由は，契約内容に含まれるとは限らないように思われる。私人である競技団体が，こうした行政法的な規範に拘束されるのは，どのようにして正当化されるのだろうか。仲裁判断例には，「法の一般原則・条理」を根拠に挙げるものもある[16]（JSAA スポーツ仲裁規則 43 条によれば，法の一般原則は仲裁判断の基準となる）。しかし，具体的にどのような内容の規範が，なぜ法の一般原則に当たるかについての説明は，なお必要である。

1 つの説明は，代表選手の派遣が公金（補助金）の支出と結びついていることに着目し，裁量統制を公金の使途の適正化手段と捉えるものである。ある仲裁判断は，オリンピック派遣や選手強

───────────────

15) 道垣内正人「日本スポーツ仲裁機構（JSAA）」法教 276 号（2003 年）2-3 頁〔3 頁〕，南川和宣「スポーツ仲裁機構と行政法理論」修道法学 28 巻 2 号（2006 年）967-994 頁〔972-973 頁〕。

16) JSAA-AP-2003-001（ウエイトリフティング），JSAA-AP-2016-001（自転車）。

化の費用の３分の２が国庫から補助されていることを指摘し，選手選考を委ねられた国内競技団体は「国の代行機関」に当たるとしている[17]。私的主体が補助金を受けただけで公的機関に転化するわけではないから，このような表現は勇み足の感があるが，代表に選ばれた選手の派遣費用・強化費用に補助金が投じられることからすれば，補助金の恣意的な使用を防止し，公金へのアクセスの公平性・公正性を確保する観点から，競技団体の裁量統制を根拠づけることは可能だろう[18]。

　しかし，公金が入らなければ選考を恣意的に行ってよいというものでもないだろう。そこで，もう１つの説明として，競技会のオープンな性格に着目することが考えられる。スポーツの競技会は，選手個人の体力・知力・技能などを競う場であり，人気や情実など実力以外の要素が混入すべきではない。言い換えれば，すべての選手が競技の実力のみを基準として，平等な条件でアクセスできることが，競技会に存在意義を与えている。競技会を主催したり公認したりする競技団体も，このような条件を保障する限りにおいて，競技会の社会的認知を享受することができる。競技団体がそのような条件を遵守せずに競技会の名を騙れば，スポーツの名に悖ることになる。競技団体としては，競技会が選手選考を含め公正・公平に行われていることを，社会と選手に対して外形的にもきちんと示す義務を負うというべきだろう。適正手続を含む統制規範は，このようにして根拠づけられるのではないだろうか。

---

17)　JSAA-AP-2004-001（馬術）。

18)　小幡純子「スポーツにおける競技団体の組織法と公的資金」道垣内正人＝早川吉尚編著『スポーツ法への招待』（ミネルヴァ書房，2011 年）39-60 頁〔59 頁〕。

IV　おわりに

　私的主体が，1つの制度や秩序を作り上げ，そこに属する個人に対して優越的地位に立っている場合に，行政法的な規範を適用して統制を図ることは，すでに学説上いくつかの試みがある[19]。しかし，その根拠や要件については，未解明の部分が多く[20]，本項目で述べたことも多くは試論にすぎない。今後その試論が検証され，本項目のテーマがさらに掘り下げられていくことを期待したい[21]。

＊　本研究は，JSPS科研費（20H01422・19H00568・19H00570・19K21677・19H01412・18H03617）の助成を受けたものである。

＊　本項目の執筆にあたっては，上記科研費の研究会等で示唆を受けたほか，西上治氏（神戸大学准教授）からコメントをいただいた。記して謝意を表する。

---

19)　「私行政法」（山本隆司「私法と公法の〈協働〉の様相」法社会学66号〔2007年〕16-36頁〔31頁〕），「制度的契約論」（内田貴『制度的契約論』〔羽鳥書店，2010年〕）など。早川吉尚ほか「オリンピック・パラリンピックから考えるスポーツと法 特別座談会〈前編・後編〉」法教489号・490号（2021年）掲載の興津征雄発言も参照。

20)　興津征雄「行政法学の自己規定」法時91巻9号（2019年）17-22頁〔21頁〕。

21)　そのような試みとして，田代滉貴「行政法学から見たスポーツ団体の規律のあり方——中央競技団体を例として」法政研究（九州大学）87巻3号（2020年）815-845頁。

アンチ・ドーピング・ルールの目的と手続

I　はじめに

　項目1では，2020年東京オリンピックを基にした架空の設例として，女子X競技において，注目選手であるA選手（及び，同競技に出場予定であったB選手）にドーピング検査で陽性反応が出て「暫定的資格停止」の処分が下されたという事案が紹介されていた。本書では，この設例に沿った形で，スポーツの世界におけるドーピング違反を取り締まるためのルール（アンチ・ドーピング・ルール）の目的・手続とその内容（実体）について，本項目と項目6の2回に分けて論じたい。

　まず，本章では，①アンチ・ドーピング・ルールの全体を俯瞰した上で，②各選手がそのルールに拘束される理由，③「暫定的資格停止」と最終的な「資格停止」の違い，そして，④オリンピック開催期間における規律手続という各点を中心に説明したい。

II　アンチ・ドーピング・ルール

(1)　世界アンチ・ドーピング規程

　現在，ドーピングを取り締まるためのルールは，カナダのモントリオールに本拠を置く「世界アンチ・ドーピング機構」（WADA）[1]

---

1)　https://www.wada-ama.org/（最終アクセス日：2021年4月18日）

と呼ばれる機関が中心となり，数多くのスポーツ関連団体・競技者の関与を受けながら策定されている。

　このルールは，世界アンチ・ドーピング規程（World Anti-Doping Code：通称“WADA規程”）と呼ばれ，国際基準やガイドライン等と呼ばれる下位規範と共に，スポーツにおけるアンチ・ドーピングの分野の統一ルールとしての役割を果たしている[2]。

　まず，WADA規程は，アンチ・ドーピング・ルール（以下，単に「ルール」と呼ぶこともある）の頂点に立つ規則であり，ドーピングのないスポーツに参加するという競技者の基本的権利を保護し，もって世界中の競技者の健康，公平及び平等を促進することを目的として策定され，ドーピングに関わる一連の手続（ドーピング・コントロール），教育及び研究活動，関連団体・組織の役割・責務等の様々な分野により構成されている。

　このうち，個々の選手（競技者）にとって特に重要なのは，ドーピング・コントロールに関するルール，とりわけ，「ドーピング行為」とされる類型と，これに対する「制裁措置」の賦課の2点である。現行のWADA規程においては，「ドーピング行為」として全部で11種類の行為類型が定められており，違反者には一定の制裁措置が課されることになる。

　なお，実際に適用されるルールとしては，WADAが作成した「モデル規則」に基づき，各国や各競技の特殊性・実情を考慮して修正（ローカライゼーション）されたものが利用されている。

---

2)　WADA規程は，概ね4年～6年に1回の頻度で大規模な改定が行われており，現行版は2021年1月1日に発効したものである。なお，後述する国際基準も，毎年更新される「禁止表国際基準」を除き，原則として同様のタイミングで改定が行われている。

(2) 国際基準等 ──────────────────────────◆

　次に，WADA 規程の運用を支える存在として，「国際基準」（International Standard）というものが定められている。従前は，①禁止表国際基準（Prohibited List）3)，②検査及びドーピング調査に関する国際基準（International Standard for Testing and Investigations）4)，③治療目的使用に係る除外措置の適用に関する国際基準（International Standard for Therapeutic Use Exemptions）5)，④分析機関に関する国際基準（International Standard for Laboratories）6)，⑤プライバシー及び個人情報の保護に関する国際基準（International Standard for the Protection of Privacy and Personal Information），⑥署名当事者の規程遵守（コンプライアンス）に関する国際基準の6種類が策定されていたが，2021 年版 WADA 規程の発効に合わせて，更に⑦教育に関する国際基準と，⑧結果管理に関する国際基準の2つが追加されている。

---

3)　ドーピング行為として禁止される「禁止物質」及び「禁止方法」をリスト形式により特定・分類したもの。

4)　ドーピング検査の具体的な手順や，検査における競技者と各アンチ・ドーピング機関の権利・義務に関するルールを定めたもの。

5)　競技者が禁止物質又は禁止方法の使用が必要とされる病状になった場合に，ドーピング違反とならずにこれらを使用するために取得することが求められる「治療目的使用に係る除外措置」（Therapeutic Use Exemption, TUE）の申請手続や，TUE の付与基準等の詳細を定めたもの。

6)　採取された競技者の尿検体・血液検体等について分析を行う機関の認定基準や手続，分析機関による検体分析の運用標準等について定めたもの。

Ⅲ アンチ・ドーピング・ルールの拘束力

⑴ 概　要 ──────────────────────◆

　それでは，このようなルールにどうして各選手が拘束されるのであろうか。そもそもこのルールは「法律」ではなく，その名宛人を当然に拘束するものではない[7]が，次のような階層構造を通じて，様々な「組織（団体）」及び「人」に対して適用されてお

───────────────

7)　世界の国々の中には，（スポーツにおいて）ドーピングを行うことを法律で禁じている国も存在しており，ドーピング行為を刑事罰化した例もある（例えば，フランスの「スポーツ法典」〔Le code du sport〕，イタリアの「スポーツ活動の健康保護とドーピングとの闘いに関する規律」〔Disciplina della tutela sanitaria delle attività sportive e della lotta contro il doping〕，ドイツの「アンチ・ドーピング法」〔Anti-Doping-Gesetz〕等），スイス連邦の「スポーツと運動の促進に関する連邦法」〔Federal Act on the Promotion of Sport and Exercise，通称"SpoP法"〕。アンチ・ドーピング規則違反を刑罰化することで，強制捜査による証拠収集を可能とし，とりわけ組織的なドーピング事犯の訴追が容易になるほか，例えば上記のSpoP法のように，刑事手続において得られた情報・資料をアンチ・ドーピング機関側に提供する枠組みを設けることによって，インテリジェンスを活用したドーピング調査を有効に行うことが可能となる。しかしながら，そのような国はまだ少数に留まっており，また，特定の競技や競技大会の中で統一的に（開催場所を問わず）適用されるものでもない。日本においては，既存の麻薬関連法（麻薬及び向精神薬取締法，覚醒剤取締法，大麻取締法等）によって，一部の禁止物質の所持・使用等が刑事罰でもって規制されているが，アンチ・ドーピング規則違反が全面的に刑事罰化されている訳ではない。2020年東京オリンピック招致の過程において刑事罰化の是非について活発的な議論が交わされたが，未だ刑事罰化には至っていない。もっとも，情報共有の枠組みに関しては，2018年10月から施行されている「スポーツにおけるドーピングの防止活動の推進に関する法律」において，行政機関や独立行政法人日本スポーツ振興センター（JSC），公益財団法人日本アンチ・ドーピング機構（JADA）等の関係機関がスポーツにおけるドーピングに関する情報の共有を行うことが可能となるよう，国が必要な施策を講じるものとされており，インテリジェンスを活用したドーピング調査の進展が期待されるところである。

り，冒頭のＡ選手も，この仕組みの中でルールに拘束されている。

(2) 「組織」に対する適用 ────────────◆

　まず，WADA 規程は，国際オリンピック委員会（IOC）や，国際パラリンピック委員会（IPC），各種スポーツの国際的な統括団体である国際競技連盟（IF）等の「署名当事者」と呼ばれる組織に対して，WADA 規程への準拠（WADA 規程を①受諾し，②自己の規則に組み込み，かつ③遵守すること）を要求している。

　そして，IOC や IPC は，オリンピック・パラリンピックにおいて特定のスポーツが「競技種目」として採用されるための条件として，当該スポーツを主管する各 IF の定めるルールが WADA 規程に準拠していることを要求し，各国のオリンピック委員会等（NOC 及び NPC）もまた，国内において当該スポーツを主管する国内競技連盟（NF）に対し，NOC や NPC への加盟又は承認の条件として，NF 自身が定めるルールが WADA 規程に準拠していることを要求している。

　また，オリンピック・パラリンピックとは異なる文脈においても，（署名当事者である）IF や各国の国内アンチ・ドーピング機関（NADO）[8]は，その加盟団体等である各国の NF に対して，WADA 規程に準拠したルールの策定を求めることが義務付けられている[9]。

────────────

[8]　日本においては，前述した JADA（https://www.playtruejapan.org/）（最終アクセス日：2021 年 4 月 18 日）がその役割を担っており，WADA 規程に準拠した「日本アンチ・ドーピング規程」（JADA 規程）を策定している。

[9]　なお，2005 年 10 月のユネスコ総会において，「スポーツにおけるドーピングの防止に関する国際規約」（ユネスコ国際規約）が採択されている。

⑶ 「人」に対する適用 ————————————◆

WADA 規程（及びこれに準拠した各組織・団体のルール）が適用対象として想定する「人」の範囲については，例えば以下のとおりとなっている。

まず，WADA 規程は，基本的に，一定レベル以上の競技者，すなわち，「国際レベルの競技者」（例えば，世界ランキングの上位○名とか，特定の国際競技大会への出場経験者等。本件における A 選手も「国際レベルの競技者」に該当する）と，「国内レベルの競技者」（例えば，日本代表選手団のメンバー，全日本選手権の出場者等）[10]を適用対象とする。

また，上記の各レベルの競技者を支援する立場にある「サポートスタッフ」と呼ばれる者（指導者，トレーナー，監督，医師，医療関係者等）も同様に適用対象とされる。

なお，ルールの適用対象となる競技者は，そのレベルの如何を問わず，自らが選択した競技の会員資格，認定資格や競技大会等への参加の条件として，該当するルールを受諾することが求められている[11]。

---

10)　2021 年版 JADA 規程では，ルールが全面的に適用される「国内レベルの競技者」の範囲については，国際レベルの競技者ではない競技者であって，①JADA による抜き打ち検査の対象となる競技者リスト（登録検査対象者リストと呼ばれる）等に登録された競技者や，②JADA が別途指定する対象競技の国内最高レベルの競技大会において競技する競技者に範囲を絞り込むこととしている。
11)　なお，ルールの適用は必ずしも競技大会の期間中に限られる訳ではなく，例えば，NADO や IF によって「検査対象者登録リスト」と呼ばれるリストに登録された競技者については，一定の手続に従って抜き打ち検査に応じなければならないものとされている。

(4) 本件 A 選手の場合 ────────────────────◆

本件の A 選手の場合，A 選手が出場する 2020 年東京オリンピック期間中に適用されるルール（以下「IOC 規則」という）[12]において，2020 年東京オリンピックに出場する競技者は，IOC 規則に拘束されることがその参加資格の条件とされていることから，実際に大会に出場した A 選手は IOC 規則に拘束されることになる[13]。

IV 暫定的資格停止と最終的な資格停止

本件のように，競技者（A 選手）がドーピング検査のために提出した尿検体から禁止物質が検出された（陽性反応が出た）というのは，ドーピング違反行為の典型事例であり，競技の公正性の確保等の観点から，原則としてドーピング違反が成立する。

例えば，個人競技の場合，通常は，①違反を行った競技者個人の成績（順位等）が自動的に失効し，競技会において獲得されたメダル等も剥奪されることになるほか，②競技大会への参加等が一定期間禁じられる「資格停止処分」が課されることになる。

上記の各制裁措置は，違反者に対して（公正・中立な聴聞機関によるヒアリングを経た上で）課される最終の措置であるが，とり

---

12) 詳細は項目 **8**。最新の IOC 規則は，WADA のウェブサイト（https://www.wada-ama.org/en/resources/world-anti-doping-program/ioc-anti-doping-rules-games-of-the-xxxii-olympiad-tokyo-2020）からも入手可能である（最終アクセス日：2021年 4 月 18 日）。

13) オリンピック・パラリンピックに出場するためには，各国の国内オリンピック委員会が作成する派遣選手リストに掲載される必要がある等の手続的な要件があるが，本書においてはその詳細は割愛する。

わけオリンピック・パラリンピック期間中のように，競技者が複数の競技会に立て続けに出場することが想定されるような場合には，禁止物質の使用により競技力が向上した（疑いがある）競技者を後続の競技会に出場させることは，他のクリーンな競技者との関係で公平性を欠くことから，陽性反応が出た競技者については，後日開催される（正式な）聴聞会において終局的な判断が下されるまで，競技会への参加又は活動を暫定的に禁止する旨の「暫定的資格停止」処分が課されることになっている。

　なお，違反した競技者に対する手続的保護を図るべく，「暫定的資格停止」が賦課される場合には，原則としてその賦課の前後にタイムリーな暫定聴聞の機会等が競技者に付与されるものとされており，また，競技者の体内から検出された禁止物質が「汚染製品」[14]に関連するものであったり，競技者に（ルール違反につき）「過誤又は過失がない」と認められる有力な根拠がある等の場合には，例外的に暫定的資格停止が取り消されることがある。

 **オリンピック開催期間における
アンチ・ドーピング審理手続**

　ルールに違反した（疑いがある）競技者は，そのレベル（国際・国内レベル）に応じて，独立の聴聞機関による聴聞の機会が与えられ，そこでの審理を経て終局的な判断が下されることにな

---

14) 「汚染製品」とは，製品ラベル及び合理的なインターネット上の検索により入手可能な情報において開示されていない禁止物質を含む製品をいうものと定義されている。

15) この不服申立てについては，CAS のアンチ・ドーピング部（Anti-Doping Division）が審査を行うことになる。

る。当該判断に不服がある競技者は，（国際レベルの場合）スイス
のローザンヌに本拠を置く「スポーツ仲裁裁判所」（CAS）[15] に対
し，また，（国内レベルの場合）国内の不服申立機関（例えば，日
本の場合には，公益財団法人日本スポーツ仲裁機構[16]）に対して不
服申立てを行うことができる[17] が，オリンピック・パラリンピ
ックの各大会期間中においては，これとは異なった規律が適用さ
れる。

　例えば，2020 年東京オリンピックにおいては前述の IOC 規則
が適用されるところ，その対象となる期間については，まず，
「東京 2020 年オリンピック大会期間」という定義[18] が設けられ
ており，また，それに先立つ一定の期間（Period of the Pre-
Olympic Games Tokyo 2020）から，IOC が参加競技者に対して
ドーピング検査を実施する権限を有する[19]。

　上記の期間中においては，前述した CAS のアンチ・ドーピン
グ部がドーピング違反事件を審査する権限を有することになる。

　そして，CAS の側でも，オリンピック・パラリンピック向け
の仲裁規則（Arbitration Rules for the Olympic Games）を策定し
ており，オリンピックの大会期間中又はこれに先立つ 10 日間に
おいては，同規則に基づき，特別に設置される「臨時部」[20] が審

16）　通称 "JSAA"（http://www.jsaa.jp/）（最終アクセス日：2021 年 4 月 18 日）。

17）　例外的に，WADA は，「国内レベル」の競技者に関する事件についても，最終
的に不服申立てを行い，CAS でその判断を争うことができる（なお，CAS の仲裁判
断への不服申立てはスイス連邦最高裁判所に対してのみ提起することができる）。

18）　2020 年東京オリンピックの延期の影響を受けて，現状では「東京オリンピック
のための選手村の開村日である 2021 年 7 月 13 日から，東京オリンピックの閉会
式が行われる日である 2021 年 8 月 8 日までの期間」と定義されている。

19）　2020 年東京オリンピックにおける IOC による検査は，「International Testing
Agency」（ITA）と呼ばれるスイスの組織（https://ita.sport/）（最終アクセス日：
2021 年 4 月 18 日）に委託される予定である。

査権限を有することとされている。

　オリンピック・パラリンピックにおいては，同一の競技者が短期間で集中的に競技に参加することから，ルールに違反した疑いがある競技者に対して（暫定的な）資格停止を課すか否かについて，とりわけ迅速な判断が求められる。この要請に応えるべく，アンチ・ドーピングに関する「臨時部」[21]は，大会期間中，東京の「日本国際紛争解決センター」[22]に開設されることが予定されており，CAS の仲裁人リストの中から選りすぐられた代表団が常駐し，事務局らと共に24時間体制で審理に臨むことになる見込みである。

---

20)　臨時部は，スポーツ紛争全般についての不服申立てを取り扱う臨時部（ad hoc Division：AHD）と，アンチ・ドーピングに関する第一審の審問機関としての役割を担う臨時部（ad hoc Anti-Doping Division：AADD）の2種類が存在する。AADD は，2016年リオデジャネイロ大会の際にはじめて設置され，その後，2018年平昌大会に次いで2020年東京オリンピックにおいても設置されることが予定されている。AADD が下した決定に対する不服申立てについては，オリンピック期間中であれば臨時部（AHD）が審査し，その後は通常どおり CAS のアンチ・ドーピング部が審査することになる。

21)　この「臨時部」による仲裁は，スイスを「仲裁地」とするものとされている。

22)　これは，官民の協力によって2018年に設立された「一般社団法人日本国際紛争解決センター」（JIDRC）により運営されるわが国初の国際仲裁・ADR 専用審問施設である（http://idrc.jp/）（最終アクセス日：2021年4月18日）。

6 アンチ・ドーピング・ルールの実体面
──違反類型と制裁措置

I　はじめに

　項目 5 では，アンチ・ドーピング・ルールの目的や手続面について，オリンピック期間中における規律も視野に入れて述べたが，本項目においては，項目 1 の事例を参照しながら，アンチ・ドーピング・ルールの内容（とりわけ，ドーピング違反行為の類型とこれに対する制裁措置）についてもう少し踏み込んで見ていきたい。

II　ドーピング違反行為の類型

　2021 年 1 月 1 日から新たに施行された WADA 規程においては，「ドーピング違反行為」（アンチ・ドーピング規則違反）として全部で 11 種類の行為類型が定められている。その典型的な例は，①競技者の尿検体・血液検体から禁止物質やその代謝物等が検出されたこと，というものであり，②禁止物質又は禁止方法の使用（又は使用の企て）や，③禁止物質又は禁止方法の保有と並んで，「禁止物質等の保有・使用・検出」というひとまとまりのグループを構成している（これらを便宜上「第 1 類型」という[1]）。

　これらのうち，特に WADA 規程 2.1 項の「禁止物質の存在」

---

1)　具体的には，WADA 規程 2.1 項，2.2 項及び 2.6 項がこれらの違反類型を規定している。

に関する違反は，従前の違反事例の中でも突出して多く，正に「典型的」なドーピング違反行為といえるが，これは分析機関での検体分析の結果に依拠して違反の認定が行われることから，「分析的」なドーピング違反行為とも呼ばれる。

　他方で，「非典型的」なドーピング違反行為は全部で8つの行為類型が定められており，これらは度重なるWADA規程の改定の都度，新たな類型が追加されてきた経緯がある。

　「非典型的」なドーピング違反は，便宜上，第2類型と第3類型に大別される。このうち，第2類型は，ドーピング・コントロール，すなわち，検体の採取手続からその搬送，分析，訴追に至るまでの一連の手続を妨害する行為をアンチ・ドーピング規則違反とするものであり，検体採取の回避・拒否・不履行（WADA規程2.3項），ドーピング・コントロールに対する不正干渉（又は不正干渉の企て）（WADA規程2.5項）がまずは1つのセットとなり，これに一定レベル以上の競技者に対して課される「居場所情報関連義務」と呼ばれる義務に違反する行為（具体的には，検査に応じるために定期的に自己の居場所をアンチ・ドーピング機関に提供する義務を怠ったことや虚偽の情報を提供したこと，抜き打ちのアンチ・ドーピング検査に応じなかったこと等）も第2類型として含まれる。

　そして，第3類型は，営業的・組織的なドーピングに関する違反行為であり，概ね訴追側の機関の関係者以外の第三者を巻き込んだアンチ・ドーピング規則違反類型がこれに該当する。

　具体的には，禁止物質等の不正取引（又は不正取引の企て）や，禁止物質の投与（又は投与の企て），「違反関与」と呼ばれる行為（他の人によるアンチ・ドーピング規則違反，アンチ・ドーピング規則違反の企て等に関する，支援，助長，援助，教唆，共謀，隠蔽その

他のあらゆる意図的な違反への関与又は関与の企て），「特定の対象者との関わり」の禁止に対する違反（いわゆるブラックリスト掲載者との関わり），そして，他者のアンチ・ドーピング規則違反行為の通報の阻止や，通報者への報復行為が挙げられる。

 ## 制裁措置

　それでは，次に，競技者によるアンチ・ドーピング規則違反行為が行われた場合に，どのような制裁措置（アンチ・ドーピング規則違反の措置）が当該競技者に対して課されるかという点を見ていきたい。

　競技者がアンチ・ドーピング規則違反を行った場合に課される措置は，項目5でも述べた「（競技成績の）失効」と「資格停止（又は暫定的資格停止）」のほか，「金銭的措置」と「（違反事実の）自動公開」が存在するが，紙幅の関係から，以下においては特に重要な制裁措置である，「失効」と「資格停止」について述べる。

　まず，「（競技成績の）失効」とは，特定の競技会又は競技大会における競技者の成績が取り消されることをいい，その結果として，獲得されたメダル，得点，及び褒賞の剥奪を含む措置が課される。とりわけ，個人スポーツの競技会時に行われたドーピング検査に関してアンチ・ドーピング規則違反があった場合には，当該競技会において得られた個人の競技成績は（競技者の故意・過失その他の主観的事情を問わず）自動的に失効するものとされている。これは，ドーピング行為（禁止物質の摂取や禁止方法の使用）が一旦行われた以上は，これによる競技力の向上という結果は競技者の意思にかかわらず生じうることから，当該ドーピング行為が行われた競技会における競技者の競技成績はもはや公正な競技

の結果とは言えず，有効なものとして取り扱うべきではないという価値判断がその根底にある[2]。

　他方で，アンチ・ドーピング規則違反の制裁措置の1つである「資格停止」とは，その違反行為類型ごとに定められた一定期間にわたって，競技者又はその他の人に対して，アンチ・ドーピング規則違反を理由として，競技会若しくはその他の活動への参加が禁止され，又は資金拠出が停止されることをいうが，競技者の違反が発覚し，その後聴聞会等を経て正式な処分が確定されるまでの間に暫定的な資格停止措置（暫定的資格停止）が課されることもある。

　この暫定的資格停止は，競技者の違反類型によって訴追機関（NADO や IF）側が強制的に賦課する場合もあれば，同機関の裁量によって賦課される場合もある。また，競技者の側で自発的に暫定的資格停止に服することも一定の要件の下では可能である[3]。

---

2)　競技者が競技大会の中で複数の競技に参加した場合には，アンチ・ドーピング規則違反となった競技（例えば，陸上男子 100m 走）以外の他の競技（陸上男子200m 走の各レース）その他の競技大会の成績までもが失効の対象となるか否かについては，原則として競技大会の所轄組織の決定に委ねられる（その際には，競技者によるアンチ・ドーピング規則違反の重大性の程度や，他の競技会において競技者に陰性の検査結果が出たか否か等の要素が考慮される）（WADA 規程 10.1 項）。
　もっとも，陽性となった検体が競技者から採取された日から（又はその他のアンチ・ドーピング規則違反の発生の日から），暫定的資格停止又は資格停止期間の開始日までに獲得された競技者のすべての競技成績は，公平性の観点から別途要請される場合を除き失効する（その結果として，メダル，得点，及び褒賞の剥奪を含む措置が課される）（WADA 規程 10.10 項）。
3)　強制的・自発的の如何を問わず，競技者が暫定的資格停止に服した場合には，後日，正式に確定した資格停止期間から，暫定的資格停止に服した日数を控除することができる。

制裁措置（資格停止期間）の決定プロセス

(1) 基本的な枠組み

　競技成績の失効はアンチ・ドーピング規則違反の発生により自動的に，又はほぼ客観的な状況のみに基づき決定されるが，資格停止期間については対象となる違反行為類型（及び過去の違反履歴）に応じて，競技者の主観面も考慮しながら決定されることになる。

　具体的な例を挙げると，1回目のアンチ・ドーピング規則違反を競技者が行った場合，その資格停止期間については以下のようなプロセスで決定される。

　すなわち，①競技者に適用されるルール上，アンチ・ドーピング規則違反の類型ごとに基本となる資格停止期間が（通常は一定の幅をもって）規定されており，まずは競技者の違反行為に応じてこの「基本となる資格停止期間」を決定する。これは違反類型によって，また，競技者の主観（違反が「意図的」なものであったか否か）や競技者の分類（いわゆる「未成年」[4]や「レクリエーションレベル」の競技者であるか）等によって異なる[5]。

　次に，②基本となる資格停止期間が決定された後，ルールにおいて定められた（資格停止期間の）「加重事由」又は「取消し・短

---

4)　アンチ・ドーピング・ルール上は「要保護者」と呼ばれ，厳密には「アンチ・ドーピング規則違反の時点において，以下に該当する競技者又はその他の自然人をいう。(i)16歳に達していない者，(ii)18歳に達しておらず，登録検査対象者リストに含まれておらず，オープン・カテゴリーで国際競技大会において競技したことのない者，又は，(iii)年齢以外の理由で，該当する国の法律に従い法的な能力が十分でないと判断された者」と定義されている。

縮事由」が当該競技者に適用されるか否かを検討し，基本となる資格停止期間を調整（加減算）した上で，最終的な資格停止期間を決定する。

このうち，「加重事由」とは，標準的な制裁措置よりも長い資格停止期間の賦課を正当化する事情をいい，競技者が他者とドーピングの計画につき共謀していた場合や，複数の禁止物質等が使用された場合，競技力向上の効果が通常の資格停止期間を超えて存続する場合，アンチ・ドーピング規則違反の検出等を回避するために詐害・妨害行為が行われた場合等が具体例として挙げられている。他方で，「取消し・短縮事由」は多岐にわたる。1つは，競技者の違反の態様に基づくものであり，競技者がアンチ・ドーピング規則違反につき「過誤又は過失がなかった」ことを立証した場合には資格停止期間は取り消され（すなわち，「資格停止が賦課されなかった」ことになる），そこに至らないまでも，「重大な過誤又は過失がなかった」ことを立証できた場合には，競技者の過誤の程度に応じて資格停止期間は短縮される[6]。この「重大な過

---

5) 例えば，第1類型の違反行為の資格停止期間は，対象となった禁止物質・禁止方法が特定物質・特定方法であるか否かによってその決定方法が大きく分かれている。対象となった禁止物質・禁止方法が「特定物質」又は「特定方法」である場合には，訴追側（JADA）において，競技者等によるアンチ・ドーピング規則違反が「意図的」であった旨を立証できた場合には，基礎的な資格停止期間は4年となり，「意図的」であったという立証がなされなかった場合には2年となる。他方で，対象となった禁止物質・禁止方法が「特定物質」や「特定方法」ではない場合には，資格停止期間は原則として4年となり，例外的に競技者等がアンチ・ドーピング規則違反が「意図的」でなかった旨を立証できた場合に，2年が基礎的な資格停止期間となる。

なお，アンチ・ドーピング規則違反が「濫用物質」と呼ばれる禁止物質に関するものである場合，競技者が，その摂取，使用又は保有が競技会外で発生したものであること，及び，競技力とは無関係であったことを立証することができた場合には，資格停止期間は原則として3か月間となる（WADA規則10.2.4.1項）

誤又は過失がなかった」と認められる場面については幾つかの類型化がなされており，(i)違反の対象となった禁止物質・禁止方法がいわゆる「特定物質」又は「特定方法」である場合や，(ii)「汚染製品」に由来するものであった場合，(iii)競技者が「要保護者」又は「レクリエーション競技者」に該当する場合等の事情が規定されている。もう1つの短縮事由としては，競技者が（他の証拠がない場合において）アンチ・ドーピング規則違反を自認したことが挙げられる。上記の各規定の適用を経て，資格停止期間が決定された場合には，ルールの規定に従って資格停止期間の開始時期が決定されることになる[7]。

　なお，競技者が他の競技者等のアンチ・ドーピング規則違反の発見・立証に際して「実質的な支援」を提供した場合には，自らの資格停止期間について一定の猶予が行われることがある。

(2)　本件 A 選手の場合　────────────────◆

　それでは，上記の「枠組み」を基に，本件 A 選手の制裁措置

---

6)　「過誤又は過失がないこと」が認められるための立証のハードルは極めて高く，例えば，(a)競技者が摂取したビタミンや栄養補助食品（サプリメント）の誤った表記や汚染が原因となって検査結果が陽性になった場合や，(b)競技者本人に開示することなく競技者の主治医又はトレーナーが禁止物質を投与した場合，(c)競技者が懇意とする集団の中において，配偶者，コーチその他の人が競技者の飲食物に手を加えた場合であっても，「過誤又は過失がなかった」とは認められない（WADA 規程10.5 項の解説）。

　他方で，「重大な過誤又は過失がないこと」という事情についても，同様に立証は必ずしも容易ではないものの，例えば，禁止物質の摂取のタイミング・量・目的や，競技者が摂取前に専門家（例えばアンチ・ドーピング規制に精通したチームドクター）に確認を行った事実やその経緯等の様々な要因を考慮した結果として，例外的に認められる可能性がある（これまでにも様々な CAS その他のアンチ・ドーピング審査機関の判断事例が公表されている）。

（項目1〔→2頁〕）についてどのように考えることになるのか，上記の「枠組み」を補足しつつ，本件に適用されるIOCルール[8]に即してもう少し深く見てみたい。本件の説例では，A選手はX競技[9]の数日前に開催された競技後に行われたドーピング検査（いわゆる「競技会（時）検査」と呼ばれる検査）において採取された自己の尿検体から禁止物質が検出されたとされている。これは，ルール上は，少なくとも「競技者の尿検体・血液検体から禁止物質やその代謝物等が検出されたこと」（2.1項の違反）に該当する[10]。

　この点，アンチ・ドーピング・ルールにおいては，「禁止物質が体内に入らないようにすることは，競技者が自ら取り組まなければならない責務」であるとされ，「自己の検体に禁止物質又は

---

7)　資格停止期間は，原則として，資格停止を定める聴聞会の終局的な決定の日（聴聞会に参加する権利が放棄されたり，聴聞会が開催されない場合には，資格停止を受け入れ，又は資格停止が課された日）を起算日として開始するものとされているが，聴聞手続等に大幅な遅延が発生した場合であって，これが競技者等の責めに帰すべきでないことを当該競技者等が立証した場合には，聴聞機関は，検体採取の日又は直近の他のアンチ・ドーピング規則違反の発生日のいずれかまで，資格停止期間の開始日を遡及させることができる（裁量的遡及）とされ，また，競技者等が暫定的資格停止を遵守した場合には，当該競技者等は，資格停止期間から，暫定的資格停止に服していた期間につき控除を受ける（すなわち，その分だけ資格停止期間が短縮される）ことになる（義務的控除）。

8)　2020年IOCルールは，当初は2015年版WADA規程に準拠して策定されていたが，その後2020年東京オリンピックの延期中に2021年版WADA規程が発効したことから，これを踏まえた改定が行われ，現在，公開されているのは2021年3月時点の規則である。

9)　便宜上，X競技は（団体競技・チームスポーツではなく）「個人スポーツ」であるという前提で以下論じる。

10)　このほか，通常は「禁止物質の使用」（2.2項）の違反も成立するが，本件では便宜上2.1項違反に限って述べる。また，本件では，A選手は「初犯」（1回目のアンチ・ドーピング規則違反）であると仮定する。

その代謝物若しくはマーカーが存在した場合には，競技者はその責任を負」い，したがって，「2.1項に基づくアンチ・ドーピング規則違反を証明するためには，競技者側の使用に関しての意図，過誤，過失又は使用を知っていたことが証明される必要はない」と定められている。そのため，本件のA選手についても，自身の尿検体から禁止物質が検出された以上は，A選手自身に当該禁止物質の使用の意図や，使用に関しての過誤，過失（うっかり使用してしまったという事情）等を問わず，違反が推定され，これを覆すことができるのは，例えば，(i)検体の採取手続やその後の搬送，分析機関による分析手続等において検体の管理等に不備があり（関連する国際基準からの乖離があり），その結果としてアンチ・ドーピング規則違反が生じたことが立証されたり，(ii)A選手の尿検体について再度分析を行った結果，当初の分析結果が追認されなかった[11]というような例外的な場合に限られる。

　この結果として，A選手については，競技会（競技）において得られた個人の競技成績が自動的に失効し，その結果として，当該競技会において獲得されたメダル，賞状，得点，及び褒賞の剥奪を含む措置が課されることになる（IOC規則9条）ほか，2020年東京オリンピックにおいて得られた他のすべての成績やメダル等についても，CASのアンチ・ドーピング部の決定に従って，

---

11)　競技者から採取された尿検体は通常は2つのボトルに分けられ，それぞれA検体，B検体と呼ばれる。分析機関はまずA検体を分析し，そこで禁止物質が検出された場合には競技者はアンチ・ドーピング規則違反の責任を問われ得るが，競技者にはB検体の分析を要求する権利があり，B検体の分析結果がA検体の分析結果を追認しない（B検体からは禁止物質が検出されない）場合には，競技者は責任を追及されない。

失効・剥奪の対象となる可能性がある（IOC 規則 10.1.1 項参照）[12]。

　また，A 選手に対しては，CAS のアンチ・ドーピング部は，WADA 規程 10.2 項から 10.9 項及び 10.13 項の条項を考慮に入れて，2020 年東京オリンピックにおいて A 選手が未だ出場していない競技会についての資格停止処分を，他の制裁措置（例えば，A 選手や関係する他の人を，2020 年東京オリンピックから排除し，アクレディテーションを喪失させること）と共に宣言することができる（IOC 規則 10.2.1 項）。

　なお，WADA 規程においては，アンチ・ドーピング規則違反を行った競技者に対しては，（その違反類型にもよるものの）原則として 2 年間（又は 4 年間）を基礎とした資格停止措置が課されることになるが，オリンピック期間中のアンチ・ドーピング規則違反については，CAS のアンチ・ドーピング部において，競技成績の失効，及びオリンピックにおける資格停止処分について判断するが，これを超えて，オリンピック期間後にも及ぶ制裁措置を課すことについては，当該競技者（本件では A 選手）の所属する IF に回付されることになる（IOC 規則 10.2.2 項）。

　2020 年東京オリンピック中に発生した A 選手によるアンチ・ドーピング規則違反について CAS のアンチ・ドーピング部が下した判断は，他の WADA 規程署名当事者（NADO や IF 等）によっても承認され，執行されることになる。

---

12)　もっとも，陽性検体が採取された日から，暫定的資格停止又は資格停止期間の開始日までに獲得された競技者（A 選手）のすべての競技成績は，公平性の観点から別途要請される場合を除き，失効するものとし，その結果として，メダル，賞状，特典及び褒賞の剥奪を含む措置が課されるものとされている（IOC 規則 10.2.3 項）。

Ⅴ　結　語

　本項目では，通常のアンチ・ドーピング規則違反の下での制裁決定のプロセスについて概説した上で，これがオリンピックにおいてどのように運用されることになるのかということをＡ選手の事例を用いて簡単に述べたが，実際のルールの制裁決定の仕組みはより複雑であり，またその解釈・適用を巡って数多くの仲裁判断事例も存在している。これらの詳細な説明は紙幅の都合上残念ながら割愛したが，本項目が読者の皆様方にとって最新のアンチ・ドーピング・ルールについての理解の一助となれば幸いである。

選手選考紛争と手続代理

7

I はじめに

　本項目では，2020 年東京オリンピックの開会式の数日前に行われた国内オリンピック委員会（NOC）による選手選考に関する決定を争いたいと考えている選手がいるという仮想事例を前提に，スポーツ仲裁裁判所（Court of Arbitration for Sport。以下「CAS」という）の臨時部の概要・取り扱う紛争（II），アドホック部の仲裁手続の概要（III），日本の弁護士[1]（以下「プロボノ弁護士」という）が CAS の臨時部において，適切な代理活動を行うためのわが国の取組（IV）を紹介する。

II CAS の臨時部の概要・取り扱う紛争

(1) CAS の臨時部の概要

　オリンピックに関連しては，代表選手としての資格や大会中に行われる審判の判定に関する紛争，アンチ・ドーピング規則違反の疑いがある選手が摘発されるなど，アンチ・ドーピング規則に関する紛争が生じることがある。これらの紛争は，大会中に継続して行われる競技会への出場資格や他の選手の成績にも影響するため，極めて迅速に解決される必要がある。そこで，CAS は，

---

1) ここでいう「弁護士」とは，弁護士法上の資格のある「弁護士」及び外国弁護士による法律事務の取扱いに関する特別措置法上の資格のある「外国法事務弁護士」とし，外国弁護士を含まない。

1996 年アトランタ大会以来，大会中に生じる紛争を迅速に解決するため，オリンピックの開催都市に臨時部を設置し，運営している。そのため，運営者となる CAS の職員や仲裁人候補者[2]もオリンピック大会中は開催都市に滞在し，迅速な紛争解決のための職務にあたることになる[3]。

CAS が運営する臨時部には 2 種類あり，1 つがスポーツ紛争全般に関する管轄をもつ Ad hoc Division（以下「アドホック部」という），もう 1 つが IOC アンチ・ドーピング規則違反に関する紛争の第一審の管轄を持つ Ad hoc Anti-Doping Division[4]（以下「アンチ・ドーピング部」という）である。

2020 年東京オリンピックでは，CAS の臨時部は一般社団法人日本国際紛争解決センター（Japan International Dispute Resolution Center。以下「JIDRC」という）の東京施設[5]に設置される予定である。

⑵　臨時部が扱うスポーツ紛争について　————————◆

1996 年アトランタ大会から設置されているアドホック部には，これまで 12 のオリンピックで累計 119 件のスポーツ紛争が係属

2）　アドホック部，アンチ・ドーピング部のために特別の仲裁人リストが作成される。2020 年東京オリンピックにおいては，アドホック部に 12 名，アンチ・ドーピング部に 6 名の仲裁人候補者が選定される予定である。

3）　CAS のアドホック部の仲裁人の活動については，八木由里「CAS 仲裁人になるまでの経緯と 2018 年ジャカルタ・アジア大会アドホック仲裁」自正 70 巻 10 号（2019 年）13 頁。

4）　アンチ・ドーピング部の詳細については，項目 **5**（→ 59 頁）を，アンチ・ドーピング部の手続代理については，項目 **8** を参照。

5）　2020 年 3 月 30 日にオープンした国際仲裁・ADR 専用審問施設で，機関仲裁やアドホック仲裁の審問手続や，仲裁・ADR のためのセミナーやシンポジウムに利用可能である。

表　オリンピック大会ごとの係属件数とアドホック部の仲裁判断件数

年	96	98	00	02	04	06	08	10	12	14	16	18	合計
係属件数	6	5	15	7	10	12	9	5	11	5	28	6	119
判断件数	4	5	14	7	8	7	9	4	11	5	21	6	101

図　アドホック部の紛争類型

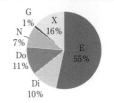

E：選手選考を含む出場資格に関する紛争
Di：競技者等に対する規律処分に関する紛争
Do：アンチ・ドーピング規則違反に関する紛争
N：国籍に関する紛争
G：団体ガバナンスに関する紛争
X：その他（審判の判定に関する紛争を含む）

し[6]，2016 年リオデジャネイロ大会から設置されたアンチ・ドーピング部には 2 大会で合計 17 件の紛争が係属している。

　アドホック部の係属事件 119 件のうち，CAS のウェブサイトにおいて，仲裁判断が公開されている事案数は，101 件である（[**表**]）[7]。この 101 件を紛争類型別に整理すると［**図**］のグラフになる。

III　アドホック部の仲裁手続の概要

　仮想事例にある開会式の数日前に行われた NOC による選手選考に関する決定を争う場合，アドホック部への仲裁申立てが考えられる。以下では，アドホック部の仲裁手続の概要を説明する。

---

6)　CAS が公表する統計資料及び CAS 判例データベースより，筆者調べ。オリンピック以外の事案は除く。

7)　CAS 判例データベースより，筆者調べ。

(1) 取り扱う紛争の時的範囲 ━━━━━━━━━━━━━━━◆

　アドホック部の扱う対象となるスポーツ紛争は，オリンピック開会式の 10 日前以降（2020 年東京オリンピックで言えば，2021 年 7 月 13 日以降）に発生したものである必要があるところ（AHD 規則 1 条），過去の大会では，問題となる紛争がオリンピック開会式の 10 日前以降に生じたか否かが争いになっている。

　この点に関し，近年の事案では，紛争の発生時は，決定の通知時を原則としつつも，当該決定の内容に不明点があり追加の説明が必要になる場合は紛争の発生時を通知時より遅らせる考え方が有力になっている[8]。

(2) 手続準拠法・実体準拠法 ━━━━━━━━━━━━━━◆

　アドホック部の仲裁手続の仲裁地は，スイス・ローザンヌであり[9]，手続準拠法として，スイス国際私法典（Private International Law Act）第 12 章が適用される（AHD 規則 7 条パラ 2）。スイス国際私法典は，渉外的私法関係や法の抵触に関する，13 の章から成るスイスの連邦法であり，その第 12 章が国際仲裁に関する章である[10]。

　次に，アドホック部の仲裁手続における実体準拠法は，IOC

---

[8]　CAS OG 12/002，CAS OG 14/003，CAS OG 16/015，CAS OG 16/023.

[9]　アドホック部の仲裁手続の詳細については，Kaufmann-Kohler, Gabrielle, *Arbitration at the Olympics : issues of fast-track dispute resolution and Sports Law*, Kluwer Law Intl（2001）。アンチ・ドーピング部の仲裁手続の詳細については，Despina Mavromati, *The Rules governing the CAS Anti-Doping and Ad Hoc Divisions at the Olympic Games*（2016）。

[10]　両当事者の住所がスイスである場合でも，当事者の合意により，手続準拠法をスイス国際私法典第 12 章とすることが可能である（スイス民事手続法 353 条 2 項）。

憲章，適用される規則，法の一般原則[11]，及び仲裁パネルが適切と考える法である（AHD 規則 17 条）。「適用される規則」の例としては，国際競技団体（IF）が作成する Olympic Qualification System があげられる。

(3) 仲裁合意

オリンピックの参加者が同意するエントリーフォームには，アドホック部の管轄を認める条項が含まれているため，オリンピック参加選手については，このエントリーフォームの条項が仲裁合意となる。オリンピック参加選手として選ばれていない者については，IOC 憲章 61 条 2 項や国際競技連盟の規則・規程中の条項がアドホック部に関する仲裁合意となる可能性がある。

(4) 仲裁申立て

アドホック部に申立てを行う場合，所定の事項を英語又はフランス語のいずれかで記載した仲裁申立書をアドホック部の事務局へ郵送又は直接持参の上，提出する（AHD 規則 9 条 b 号但書，同 10 条）。

申立書には，求める救済の内容，申立ての根拠となる事実及び法律上の主張の要旨，決定がある場合は不服申立ての対象となる決定の写しなどを記載する（AHD 規則 10 条）。

申立費用は，無料である（AHD 規則 22 条）。

---

11) 禁反言の法理を適用し，申立人を救済した事例として CAS OG 02/006，CAS OG 08/002。

(5)　仲裁人の選定・パネルの構成 ━━━━━━━━━━━━━━━◆

　アドホック部の仲裁人候補者リストは，オリンピックの開会前に作成，公表される（AHD 規則 3 条）。事案係属後，アドホック部の部長が，同リストの中から 3 名又は 1 名の仲裁人を選任するため（AHD 規則 11 条パラ 1 及びパラ 2），当事者には仲裁人の指名権はない。

(6)　審理手続・審問 ━━━━━━━━━━━━━━━━━━━━━━━◆

　アドホック部の仲裁パネルは，適切と考える手続進行を行い（AHD 規則 15 条 b 号），申立書が依拠する事実を確定する（AHD 規則 16 条）。それにあたり，仲裁パネルは，関係書類の送達後速やかに，当事者に審問への出頭を要請し，聴聞を行う。なお，仲裁パネルが，十分と判断した場合，審問が行われないこともある（AHD 規則 15 条 c 号）。

　審問には，事案の結果によって影響を受ける競技者や NOC などが，利害関係人として審問に出席したり[12]，書面提出を命じられることもある[13]。

(7)　仲裁判断 ━━━━━━━━━━━━━━━━━━━━━━━━━━◆

　アドホック部の仲裁手続の仲裁判断は，原則，申立書の提出から 24 時間以内に下される（AHD 規則 18 条）。仲裁判断の必要的記載事項は，主文，簡潔な理由，作成日，仲裁パネル又は仲裁人の署名である（AHD 規則 19 条）。また，競技会や表彰式の日程を

---

12)　例えば，CAS OG 98/004&005。

13)　CAS OG 16/021.

踏まえ，主文の通知が先行されることもある（AHD 規則 19 条パラ 2）[14]。

アドホック部の仲裁費用は，無償であるため（AHD 規則 22 条），過去の事案では，仲裁費用の相手方負担の請求や弁護士費用の相手方負担を求める請求も認められていない[15]。

アドホック部の仲裁判断は，通知により最終的なものとなり（AHD 規則 19 条），直ちに執行可能となる（AHD 規則 21 条）。また，仲裁判断は，CAS のウェブサイトで公表される。

Ⅳ 適切な手続代理を行うためのわが国の取組

(1) 開催国の弁護士による手続代理の必要性 ────◆

CAS の臨時部が管轄をもつスポーツ紛争には，スポーツ団体の定める規則等が実体法として適用されるため，紛争解決にあたり当該規則等に関する専門知識が必要となる。また，上述のとおり，CAS の臨時部の仲裁手続を進める上では，上述のスイス国際私法典第 12 章の法的知識や 24 時間以内という時間的制約の中で手続を進める実務能力が必要になる。

これらの特徴をもつ CAS の臨時部の仲裁手続を適切に進めていく上では，専門的知識を有する代理人の援助を受けることが不可欠であるが，オリンピックに参加する選手の選手団は，必ずしも開催都市に，弁護士を連れてきているわけではない。そこで，開催国を訪れている選手等が適切な代理人による援助を受けるた

---

14) CAS OG 12/011.
15) CAS OG 16/025，CAS OG 00/014.

めに必要になるのが，オリンピック開催国の弁護士による支援である。

　過去のオリンピックでは，2012 年ロンドン大会において，プロボノサービスが提供され[16]，大会の円滑な運営に貢献したものとして，IOC，大会組織委員会等の関係団体から高い評価を得た[17]。また，2016 年リオデジャネイロ大会や 2018 年平昌大会においても，開催国弁護士によりプロボノで手続代理人サービスが行われている[18]。このように開催国の弁護士によりプロボノサービスが提供されることは，過去の大会から継承されているレガシーである。

(2)　東京プロボノサービスの概要 ————————◆

　2020 年東京オリンピックに向けては，2018 年 10 月，有志弁護士，学者による「2020 年東京オリンピック・パラリンピック大会プロボノサービスプロジェクト運営委員会」（以下「運営委員会」という）が立ち上がり，日本弁護士連合会や東京三弁護士会に加えて，2020 年東京オリンピックの関係団体・省庁の協力を得ながら，日本の弁護士が無償で手続代理や法律相談を行う 2020 年東京オリンピック・パラリンピック大会プロボノサービ

16)　高松政裕「ロンドンオリンピック観戦記(下)——大会期間中に実施された法的支援活動について」Sportsmedicine 146 号（2012 年）26 頁。千賀福太郎「Sport Resolutions への海外派遣の経験をもとに，オリンピック期間中のプロボノサービス等，スポーツ仲裁に関わる法律家の役割について」公益財団法人日本スポーツ仲裁機構「第 13 回スポーツ仲裁シンポジウム報告書」（2016 年）21-23 頁。

17)　Sport Resolution, *London 2012 Pro Bono Service Report*（2012）.

18)　生田圭「オリンピック・パラリンピック時におけるスポーツ仲裁裁判所（CAS）の活動と開催国の法律家によるプロボノサービス」法セ 764 号（2018 年）27 頁。同「2020 年東京オリンピック・パラリンピック大会における弁護士によるプロボノサービスの提供に向けて」自正 70 巻 10 号（2019 年）30 頁。

ス（以下「東京プロボノサービス」という）の準備が進められている[19]。

運営委員会は，2019年4月には，事務局を務める公益財団法人日本スポーツ仲裁機構を通じて，①手続代理人部門及び②一般法律相談部門[20]の2つの部門のサービス提供弁護士の募集を行った[21]。このうち，手続代理人部門は，2020年東京オリンピックの開会式の10日前から閉会式当日までをサービス提供期間としており，期間中，当番日を割り当てられた複数名のプロボノ弁護士が待機する予定である。

(3)　東京プロボノサービスの課題と　課題解決に向けた取組

過去に，日本の選手や団体が関わったCAS仲裁事件で存在が確認できるものは10件程度[22]であり。日本の当事者，代理人が関わった事件はごくわずかである[23]。また，2020年2月現在，CASの仲裁人候補者として登録されている日本人の法律家は5名と少ない[24]。このように，現在日本ではCAS仲裁の専門家といえる法律家は限られているため，日本の法律家がCASの臨時部の仲裁手続において，如何にして適切な代理活動を行うかという点が，東京プロボノサービスの課題である。

そこで，運営委員会は，単にプロボノ弁護士候補者を募集する

---

19)　生田・前掲注18)法セ29頁も参照。

20)　一般法律相談部門は，オリンピック・パラリンピック大会の期間中，刑事法，民事法，出入国管理，スポーツ法（アンチドーピング規制を含む）の4つの法律カテゴリーに関する法律相談を受け付ける部門である。

21)　日本スポーツ仲裁機構「東京2020大会におけるプロボノサービス提供弁護士の募集について」（http://www.jsaa.jp/release/2019/0426_2.html）（最終アクセス日時：2020年4月11日）。

だけでなく，JIDRC の支援を受けつつ[25]，プロボノ弁護士候補者に対し，スポーツ仲裁，国際仲裁等に関する知見を有する国内講師による研修プログラムを実施している。

　国内講師による研修では，アドホック部及びアンチ・ドーピング部の仲裁手続及び両部の過去の仲裁判断例やアンチ・ドーピング規則の解釈が題材として取り上げられ，これらの研修を通じて，CAS の臨時部における仲裁手続についての基本的な知識が共有される予定である。

　また，CAS は，開催都市におけるプロボノ弁護士の養成に協力するため，従前よりオリンピックの開催都市におけるセミナーを実施しているところ，2020 年 2 月 11 日には，運営委員会と CAS が協力して，CAS の役職員 2 名，スイスの法律実務家 1 名を招いたプロボノ弁護士候補者を対象とするセミナーが開催された。

22）　CAS 2000/A/278 Suzu Chiba v. Japan Amateur Swimming Federation award. CAS 2008/A/1452 Kazuki Ganaha v. Japan Professional Football League. CAS 2012/A/2912 Koji Murofushi & Japanese Olympic Committee v. International Olympic Committee. CAS 2013/A/3441, 3445, 3446, 3448 & 3449, 6 members of the FIG-RGTC v. Federation Internationale de Gymnastique. CAS 2014/A/3580 A.C. Cesena S.p.A. v. Tokyo Football Club. CAS 2017/A/5373 Japan Triathlon Union v. International Triathlon Union. CAS ADD 18/01 International Olympic Committee & International Skating Union v. Kei Saito. CAS AG18/01‐06 Japan Golf Association et.al v. Olympic Council of Asia. CAS 2018/A/5984 Junya Koga v. the Fédération Internationale de Natation. CAS 2019/A/6541 Hiromasa Fujimori v. the Fédération Internationale de Natation. CAS 2019/A/6557&CAS 2019/A/6663 Japan Mountaineering & Sport Climbing Association v. International Federation of Sport Climbing.

23）　2020 年 2 月現在，CAS には約 6500 件の事件が係属している。

24）　2020 年 2 月現在，CAS 仲裁人候補者の総数は 349 人である。CAS, *List of CAS Arbitrators by nationality* 参照。

25）　JIDRC は，国際仲裁の活性化に向けた基盤整備の 1 つとして，国際スポーツ仲裁の専門家人材養成を行っている。参照，内閣官房・国際仲裁の活性化に向けた関係府省連絡会議「国際仲裁の活性化に向けて考えられる施策」。

以上の取組により，2020年東京オリンピックの開催までに，わが国にも，CASの臨時部における仲裁手続の知見を有するプロボノ弁護士が養成される見込みである。

　おわりに

　本章では，臨時部の概要，アドホック部の仲裁手続の概要，そして，東京プロボノサービスの概要を紹介した。

　東京プロボノサービスの第一義的な目的は，法的側面から2020年東京オリンピックの円滑な運営に貢献することであるが，CASの仲裁手続についての知見を有する人材を養成することも副次的な目的に含まれている。この取組に関与した弁護士が，2020年東京オリンピック後も引き続き日本のスポーツ法，スポーツ仲裁の実務に関わり続けることで，わが国がスポーツに関わる個人，団体の権利擁護をより実現しやすい社会になることが期待される。

8 アンチ・ドーピング紛争と手続代理

 はじめに

　項目1において，2020年東京オリンピックでの架空の事案が紹介された。この中では，数日前に開催された別の競技の決勝の後に行われたドーピング検査において，採取された尿検体から禁止物質が検出されたため，「暫定的資格停止」の処分が下されたA選手とB選手の仮想事例（以下「本事例」という）が挙げられている。

　本項目では，本事例を前提として，①ドーピング事案における手続代理の必要性，②ドーピング事案における選手の代理人に求められること，③本事例における代理人活動の内容，について説明したい。

II　ドーピング事案における手続代理の必要性

　本事例では，いずれも，採取された尿検体から禁止物質が検出され，「暫定的資格停止」処分が下されたA選手及びB選手であるが，本国の弁護団を代理人として就けることができたA選手に対し，B選手は資力に乏しく，有償で代理人を依頼することができない状況である。

　それでは，B選手は，代理人を就けずに自己の潔白を争うことはできるか。オリンピックでの競技会検査において採取された尿検体から禁止物質が検出されたということなので，B選手が自己

の潔白を争う場は，スポーツ仲裁裁判所（CAS）の臨時アンチ・ドーピング部（ad hoc Anti-Doping Division，以下「AADD」という）での手続ということになる[1][2]。規程上は，アンチ・ドーピング違反の申立てを受けた競技者等（以下「競技者」という）は，必ずしも代理人を就ける必要はない。しかし，アンチ・ドーピングに関する紛争への対応は極めて高度な知識と経験が求められる。WADA 規程（World Anti-Doping Code）を始めとして，アンチ・ドーピングを規律するルールは複雑であり，違反行為の類型，制裁の種類・内容，制裁の加重軽減事由，反証方法，立証責任といった各概念を正確に競技者が理解していなければ，自己の主張を正確に伝え，最終的な制裁内容に反映することはできない。そこで，競技者がアンチ・ドーピング違反の申立てを受けた場合，アンチ・ドーピングに関する専門的知識・経験のある弁護士に手続代理を委任することの必要性は極めて高い。

とはいえ，オリンピックのようなメガ・スポーツイベントには，世界各国から様々な環境の競技者が参加しており，資力に乏しい B 選手のような競技者も多く，このような競技者が，資力を理由に，アンチ・ドーピングに関する知識・経験のある弁護士に手続代理を委任することを断念してしまうことは，公平性に反し，望

---

1) 2016 年リオデジャネイロ大会において初めて AADD が設置され，2018 年平昌大会でも AADD が設置された。2020 年東京オリンピックでも設置が予定されている。もっとも本稿執筆時には未だ 2020 年東京オリンピック用の AADD 規則は公表されていない。

2) CAS は，2019 年より，常設のアンチ・ドーピング部（ADD）を設置しているが，ADD に関する CAS 規程には，オリンピック中であることを考慮した特別の規程がないことから，2020 年東京オリンピックでは，AADD の特別規程が策定されることが想定されている（杉山翔一「CAS アンチ・ドーピング部仲裁ガイド」〔公益財団法人日本スポーツ仲裁機構，2019 年〕3 頁参照）。

ましい状況ではない。そこで，無償で，アンチ・ドーピングに関する専門的知識・経験を有する開催国の弁護士に手続代理を依頼できる仕組みが必要となる。2012年ロンドン大会において開催国の弁護士によるプロボノサービスの提供が行われたが，このレガシーを受け継ぐ形で，2020年東京オリンピックでも，日本の弁護士が無償で手続代理や法律相談を行う2020年東京オリンピック・パラリンピック大会プロボノサービス（以下「東京プロボノサービス」という）が組織されている[3]。

このようにして，本事例におけるB選手は，資力に乏しく本国からの弁護団を送り込むことはできないものの，東京プロボノサービスを利用することで，無償にて日本の弁護士をアンチ・ドーピング部の手続代理人として委任し，自己の身の潔白を主張することが可能になる。

ドーピング事案における選手の代理人に求められること

それでは，ドーピング事案の手続代理を務める代理人として，どのような点に留意すべきか。以下，ドーピング事案を担当する代理人に求められる事項を挙げる。

(1) アンチ・ドーピングに関する規程の正確な理解 ──◆

まず，何よりも，ドーピング事案を担当する代理人には，アンチ・ドーピングに関する規程の正確な理解が求められる。

アンチ・ドーピングを規律するルールは複雑であり，違反行為

---

3) 東京プロボノサービスの詳細については，項目7を参照。

の類型，制裁の種類・内容，制裁の加重軽減事由，反証方法，立証責任といった各概念を正確に理解していなければ依頼者である競技者の主張を正確に代弁することはできない。

　理解が必要なアンチ・ドーピングに関する規程には，WADA規程[4]は勿論のこと，WADA規程と一体となって適用される国際基準（International Standard）も含まれる。2021年版WADA規程下では，8つの国際基準がある[5]。

　また，個別具体的事案において実際に適用される規程は，大会主催者であるIOCやIFのアンチ・ドーピング規程である場合も多い。例えば，オリンピックであれば，IOC Anti-Doping Rules（以下，「IOC規則[6]」という），水泳の国際大会であればFINA Doping Control Rules[7]，陸上の国際大会であればWorld Athletics Anti-Doping Rules[8]，である。このような規程については，WADA規程が基礎となっているものの，異なる点もある

4）　WADA規程の内容については，項目**5**を参照。

5）　現在の国際基準は，①Prohibited List（2021年禁止表国際基準），②ISTI（検査及びドーピング調査に関する国際基準），③ISL（分析機関に関する国際基準），④ISTUE（治療使用特例に関する国際基準），⑤ISPPPI（プライバシー及び個人情報の保護に関する国際基準），⑥ISCCS（署名当事者の規程遵守に関する国際基準），⑦ISE（教育に関する国際基準），⑧ISRM（結果管理に関する国際基準）である。

6）　IOC規則（2021年3月版）（https://stillmedab.olympic.org/media/Document%20Library/OlympicOrg/Games/Summer-Games/Games-Tokyo-2020-Olympic-Games/Anti-Doping-and-Medical-Rules/IOC-Anti-Doping-Rules-Tokyo-2020.pdf）（最終アクセス日：2021年4月17日）。

7）　FINA Doping Control Rules（https://resources.fina.org/fina/document/2021/01/19/8b9f8fd0-56ba-434e-9ff8-8f4a180a30f2/fina_dc_rules_2021_clean_version.pdf）（最終アクセス日：2021年4月22日）。

8）　World Athletics Anti-Doping Rules（https://www.athleticsintegrity.org/downloads/pdfs/know-the-rules/en/2021-Anti-Doping-Rules.pdf）（最終アクセス日：2021年4月22日）。

ことから，事案ごとに規程の理解が必要である。

本事例は，2020年東京オリンピックにおける競技会検査にて発生したドーピング事案であることから，IOC規則が適用される（IOC規則3頁参照）。したがって，A選手やB選手の代理人を務めることになる場合，IOC規則の正確な理解が求められる。

IOC規則には，WADA規程とは異なる規定が含まれている。例えば，ドーピング違反が認められ資格停止又は暫定的資格停止となった場合，当該競技者はオリンピックから追放される旨の決定を受け得る（IOC規則10.2.1）。WADA規程にはこのようなオリンピックを直接想定した規定はない。また，違反事実が公表される時期も異なる（IOC規則10.3・13.3.1，WADA規程14.3.2）。このように，WADA規程の理解は不可欠であるが，個別事案において実際に適用される規程の理解も欠かせない。

(2) 見通しの把握 ─────────────────◆

ドーピング事案，特に本事例のようにオリンピック期間中の事案であって競技者がオリンピックへの出場を熱望する場合には，時間との勝負になる。競技者から相談を受けた代理人としては，速やかに「見通し」を把握し，早期に方針を定め，立証活動の準備に入る必要がある。

見通しを把握するためには，まず違反行為の類型を確認し，WADA規程2.1項違反であれば，競技者に通知された「違反が疑われる分析報告（Adverse Analytical Finding）」（以下「AAF」という）[9]の内容から，いつどこで実施されたドーピング検査の

---

9) 本事例では，スイスにあるITA（International Testing Agency）から，競技者に対し，AAFについての通知が送付される（IOC規則7.2.3.1・7.2.3.2）。

結果か，検出された禁止物質の種類が特定物質か否か等客観的事実から，想定される制裁の種類及び内容を確認するとともに，B検体の検査依頼までの期限，暫定的資格停止の可能性，今後の手続の流れについて確認する。そのうえで，競技者と協議すべき事項を整理し，速やかに対応を定める必要がある。

⑶　立証活動の把握　————————————————◆

　上記のとおり見通しを把握したうえで，代理人は，競技者から，AAF の結果についての事情を聞き取り，速やかに，今後の立証活動を把握する必要がある。

　費用対効果の関係で何をすべきか，競技者の制裁を最大限軽減するためにすべきことを把握する。

　「何をすべきか（To do）」を的確に把握できなければ，早期に立証活動の準備ができない。

⑷　費用の把握　————————————————————◆

　「見通し」及び「求められる立証活動」を把握したうえで，競技者が自己の主張を立証するためには，どのような費用が発生し，どの程度の費用を負担することが予測されるのか，について把握しなければならない。

　競技者としては，自己の主張を認めてもらいたいという希望は第1であるが，実際のそのためには検査費用・弁護士費用・通訳費用等によって全体的なコストが概ねどの程度かかるのか，特に知りたいと思っていることを理解すべきである。

　特に，競技者の体内から検出された禁止物質が「汚染製品」に関連するものであったような事案では，検査のために費用がかかることから，代理人としても立証活動を行うためにどの程度費用

を掛けられるかを把握する必要がある。

(5)　信頼関係の構築 ────────────◆

　ドーピング違反となるか否か，制裁がどの程度となるか，競技者にとって死活問題である。

　事案によっては，事案当初から記者会見等のメディア対応が必要になるケースもある。このようなケースでは，競技者と代理人とが2人3脚で乗り越えていかなければならない。

　したがって，ドーピング事案の手続代理においては，競技者と代理人との間で，特に強い信頼関係が構築される必要がある。

　「信頼関係の構築」が必要になるのは競技者との間だけではない。ドーピング事案では，事案解決のために多くの利害関係者の協力が必要になる。コーチ，トレーナー，ドクター，検査機関，競技団体，スポンサー，所属先，マネージメント会社，そして家族，友人等である。

Ⅳ　本事例における代理人の活動

(1)　適用されるルールと聴聞機関 ────────◆

　本事例において適用されるアンチ・ドーピング規程がIOC規則であることは上述のとおりである。なお，IOC規則は，制裁の定め方に関する規定等をWADA規程に準拠する形をとっている（IOC規則10.2.1参照）ので，この場合はWADA規程が適用される。また，聴聞機関は，CASのアンチ・ドーピング部となる（IOC規則8.2.1）[10]。

　したがって，本事例においてA選手やB選手を代理する場合

には，これを前提に対応を検討する必要がある。

(2) 暫定的資格停止処分への対応 ━━━━━━━━━━◆

　本事例では，A選手及びB選手ともに，採取された尿検体から禁止物質が検出され，「暫定的資格停止」処分が下されている。

　本事例では，既に暫定的資格停止処分が課されてしまったとのことなので，代理人としては，まず，暫定的資格停止処分を取り消す方法を検討する必要がある。

　暫定的資格停止処分は，①検出された禁止物質が「汚染製品」[11]に関連するものであることを競技者が立証した場合，②検出された禁止物質が「濫用物質」[12]であり，WADA規程が定める資格停止期間短縮事由[13]を備えていることを競技者が立証した場合，③B検体の分析結果がA検体の分析結果を追認しない場合，のいずれかの事由があれば，取り消される（IOC規則7.6.4・7.6.5）。

　そこで，A選手及びB選手の代理人としては，競技者が暫定

---

10)　もっとも，ここで言うアンチ・ドーピング部は，常設的なアンチ・ドーピング部（ADD）ではなく，2020年東京オリンピックに適用される手続のもと運用される臨時のアンチ・ドーピング部（AADD）を念頭に置いている。

11)　「汚染製品」とは，「製品ラベル又は合理的なインターネット上の検索により入手可能な情報において開示されていない禁止物質を含む製品」と定義されている（WADA規程及びIOC規則各定義規定）。

12)　「濫用物質」とは，「スポーツの領域以外で頻繁に社会で濫用されるため禁止表において濫用物質であると具体的に特定される禁止物質」と定義されている（WADA規程4.2.3，IOC規則4.2.4）。

13)　WADA規程は，「濫用物質」に関して資格停止期間が短縮される要件として，当該濫用物質の「摂取，使用又は保有が競技会外で発生したもの」，かつ「競技力とは無関係であったこと」を挙げており，これらを立証できた場合には，3か月間の資格停止として，資格停止期間短縮を認めている（WADA規程10.2.4.1）。

的資格停止処分を争いたいという希望を示しているのであれば，まず，上記①及び②の立証可能性の有無を検討し，並行して，B検体の分析を依頼することになる。

　この時点において，仮に，競技者に課される制裁が４年以上の資格停止期間になることが予測される場合には，代理人としては，「早期の自認及び制裁措置の受諾に基づく特定のアンチ・ドーピング規則違反に対する１年間の短縮」の規定（WADA規程10.8.1）の適用を検討する必要がある。すなわち，WADA規程は，競技者がアンチ・ドーピング機関により，４年以上の資格停止期間の主張を伴うアンチ・ドーピング規則違反の可能性について通知を受けた後，通知受領後20日以内に違反を自認し，主張された資格停止期間を受け入れた場合には，１年間の資格停止期間短縮を受けられる場合がある旨定めている。そこで，代理人としては，検出された禁止物質が特定物質以外の禁止物質である場合等で資格停止期間が４年以上になることが予測され，責任軽減事由を立証する可能性がないような場合には「早期の自認」を検討することも競技者の利益のために必要である。

　さらに，代理人としては，「事案解決合意」（WADA規程10.8.2）の可能性の検討も行う必要がある。「事案解決合意」は，競技者がアンチ・ドーピング規則違反を自認し，アンチ・ドーピング機関及びWADAがこれを受諾する場合に成立する。「事案解決合意」が成立すると，競技者は資格停止期間の短縮を受けることができ，資格停止期間の開始日も一定の日まで遡及させることができる。資格停止期間の短縮の程度の判断においては，「違反を自認した迅速さ」も要素とされていることから，事案によっては，B検体の分析の依頼をせずに，迅速に違反を自認し，「事案解決合意」の成立を目指すことが競技者の利益になることもあ

るため，代理人としては，この段階で「事案解決合意」の可能性の検討が求められるといえる。

　また，暫定的資格停止に服した場合の効果についても正確な理解が求められる。競技者が，暫定的資格停止期間に服し，これを遵守した場合，当該競技者は最終的に課される資格停止期間から，当該暫定的資格停止期間の控除を受けることになる（WADA規程10.13.2）。したがって，暫定的資格停止期間の自発的な受諾について競技者の対応を検討する場合には，暫定的資格停止期間に服した場合の競技者のメリットも念頭に置く必要がある。

(3) 聴聞手続への準備

① 体内侵入経路の立証活動

　本事例のA選手やB選手が，自身の尿検体から検出された禁止薬物を意図的に摂取したことはない場合，競技者としては，どのようにして禁止物質が自己の体内に入ったのか，明らかにしたいところである。

　2021年版のWADA規程では，体内侵入経路の立証がなくとも，禁止物質の摂取が意図的ではなかったことを証明することは理論的には可能であるものの，競技者が禁止物質の出所を証明することなく当該競技者が意図的でなく行動したことを証明することができる可能性は極めて低い旨解説で明記している（WADA規程10.2.1.1解説）[14]。

　本事例のA選手やB選手が，禁止物質が検出されたドーピング検査の前に，サプリメントを摂取していた場合には，サプリメ

---

14)　検出された禁止物質が「汚染製品」に由来することの効果も含め，資格停止期間の決定プロセスについては，項目 **6** を参照。

ントに禁止物質が混入していた可能性が疑われる。

　この場合，体内侵入経路の立証，「汚染製品」（WADA 規程10.6.1.2）であることの立証のために，競技者が摂取していたサプリメントに禁止物質が混入していた事実を明らかにしなければならない。そのためには，競技者が摂取していたサプリメントを分析期間で分析してもらう必要がある。

　しかし，競技者が，複数のサプリメントを摂取していた場合，分析費用の関係から全てを分析することが現実的ではない場合が多い。そこで，このような場合には，どのサプリメントを分析すべきかが検討課題となる。

　まず，①競技者がドーピング検査時に記載して提出するドーピング・コントロール・フォーム（DCF）に記載されていたか否か，が重要な判断要素となる。DCF には，ドーピング検査の前に摂取していたサプリメント等を申告する欄が設けられている。仮に，サプリメントの分析の結果，禁止物質の混入が判明したとしても，競技者がそのサプリメントを本当に摂取していたのか否かについても立証が必要になる。しかし，DCF に記載があれば，ドーピング検査前にそのサプリメントを服用したことは明らかとなる[15]。したがって，DCF に記載のあるサプリメントか否かは，分析する際の判断の 1 つの指標となる。

　他には，②過去に競技者がドーピング検査を受け，陰性となった際にも摂取していたか否か，③信頼ある認証機関等の認証を受けているか否か，④過去に汚染が発生しているサプリメントか否

---

15)　WADA 規程 10.6.1.2 の解説においても，「当該競技者が当該汚染製品を実際に使用したことを立証するために，当該競技者がドーピング・コントロール・フォームにおいて後日汚染されていると判断された製品を申告していたかどうかは重要である」旨説明されている。

か，⑤禁止物質の半減期，といった要素が，分析対象とするサプリメントを選別する際の指標となる。

また，分析対象となるサプリメントを分析機関に送付する際にも注意が必要である。

まず，サプリメントの分析を依頼する場合には，原則として，「競技者が実際に摂取していた際のボトル」と「同ボトルと製造番号が同一の封緘ボトル」の2種類を分析すべきである。仮に，「競技者が実際に摂取していた際のボトル」に含まれるサプリメントから禁止物質の混入が判明しても，そのボトルに後から汚染されているサプリメントを加えたのではないか，という疑念は残るからである[16]。この観点から，分析機関に送付するために保管場所で封入する時，また自ら分析機関に持ち込む場合には分析機関での開封時にビデオ撮影をし，記録しておくと良い。

他方，本事例のA選手やB選手が，禁止物質が検出されたドーピング検査の前に，サプリメントを摂取していたという事実がないにもかかわらず，禁止物質の意図的な摂取を否定している場合はどうすべきか。

禁止物質は，サプリメントだけではなく，食肉や水道水が汚染され，含まれているケースもあることから，まずは，ドーピング検査の直前に摂取した飲食物を確認すべきである。その中に，疑わしい食肉や水が含まれていないか，原因となる飲食物を探り，可能性があれば，摂取した食肉や水を分析する必要がある。陸上競技選手から禁止物質（Epitrenbolone）が検出された事案で，当

---

16) 摂取したサプリメントのボトルの製造番号等が不明な状況では，同じ種類のサプリメントの分析から汚染結果が出たとしても摂取したサプリメントが汚染製品であるとは認められないとした事例として，CAS 2016/A/4676 Arijan Ademi v. UEFA 参照。

該競技者がドーピング検査の直前に食べた肉から禁止物質が体内に入ったと判断され，資格停止期間が取り消された CAS のケースがある[17]。この事案では，競技者の過去のドーピング違反履歴がないことが重視され，競技者の立証活動として，競技者の毛髪検査，ポリグラフ検査，専門家の証人申請が行われている。

② 重大な過誤・過失がないことの立証

さらに，競技者としては，資格停止期間をできる限り軽減するために，自身には「重大な過誤・過失がないこと」も主張立証する必要がある。

ここでは，まず，客観的要素として，ⓐ使用した製品のラベルを読み，又はその他の方法で含有物を確認した，ⓑラベル上のすべての成分を禁止表と照らし合わせた，ⓒ製品についてインターネット調査を行った，ⓓ製品を摂取する前に，適切な専門家に相談し，忠実に指示を受けた，ⓔその製品は過去にドーピング違反となったことがないことを確認した，ⓕ検出された禁止物質はとても微量であった，等の事実を，また，主観的要素として，ⓖ競技者の若さ，経験のなさ，ⓗ言語又は競技者が直面した環境的問題，ⓘアンチ・ドーピング教育の程度，ⓙその他個人的な障害（例：特段問題なく当該物質を長期間摂取していた，高い程度のストレスに悩まされていた等）といった事実を，主張立証して行くことになる。

③ 「事案解決合意」の可能性の検討

上述した「事案解決合意」は，聴聞手続においても行うことが可能であることから，聴聞手続の準備の段階でも，忘れずに，そ

---

17) CAS 2019/A/6313 Jarrion Lawson v. International Association of Athletics Federations.

の可能性を検討しておくことが求められる。

④「競技者等の責に帰すべきではない遅延」の主張の検討

　さらに，競技者としては，聴聞手続やドーピング・コントロールの局面において大幅な遅延が発生している場合には，WADA規程 10.13.1 が定める「競技者等の責に帰すべきではない遅延」を主張することも検討すべきである。仮に，当該「遅延」が競技者の責に帰すべきものではないことを立証できた時には，最大で，検体の採取の日又は直近のその他のアンチ・ドーピング規則違反の発生日のいずれかまで，資格停止期間の開始日が遡及される可能性がある[18]。

　おわりに

　本項目では，項目1で紹介された架空の事案を念頭に置き，これに沿う形で，ドーピング事案の手続代理について，競技者の代理人の立場から注意すべき点に留意して説明を行った。アンチ・ドーピング・ルールについての目的・手続・実体の解説がなされている別の項目[19]と合わせてお読みいただければ幸いである。

___

18)　検体採取から暫定的資格停止通知まで約6か月経過している事案において「適時の自認」の効果と併せて，暫定的資格停止通知から5か月間の遡及を認めた例として，日本アンチ・ドーピング規律パネル 2019-003 事案がある。

19)　アンチ・ドーピング・ルールの目的・手続については項目5を，実体については項目6を参照いただきたい。

スポーツ選手と
パブリシティ権

I　はじめに

　パブリシティ権とは，顧客吸引力を有する氏名・肖像等の利用に関する権利として，2012年の最高裁判例によって承認されたものである[1]。最高裁は，人の氏名・肖像等は「商品の販売等を促進する顧客吸引力を有する場合があ〔る〕」とした上で，「このような顧客吸引力を排他的に利用する権利」を「パブリシティ権」として承認したのである。人気芸能人と同様，スポーツ選手の氏名・肖像等にも顧客吸引力があるため，スポーツの世界でもパブリシティ権はよく問題になる。

　ただ，パブリシティ権は明文の規定を持たないこともあり，未解決の問題が多い[2]。以下では，スポーツ選手に焦点を当ててパブリシティ権の諸課題を概観しよう。

II　スポーツ選手のパブリシティ権

（1）客　体 ────────────────────◆

　パブリシティ権は，どのような客体に認められるのか。上記の

---

1)　最判平成24・2・2民集66巻2号89頁（ピンク・レディー事件。以下，単に「最高裁判決」という）。

2)　さしあたり，上野達弘「人のパブリシティ権」吉田克己＝片山直也編『財の多様化と民法学』（商事法務，2014年）399頁参照。

最高裁判決は，パブリシティ権が認められる前提として，「人の氏名，肖像等」が「商品の販売等を促進する顧客吸引力を有する場合があ〔る〕」と述べており，これによると，パブリシティ権の客体は「氏名，肖像等」ということになる。ただ，問題はその意味である。

① スポーツ選手の「氏名」

まず，スポーツ選手の氏名はパブリシティ権の客体に含まれる。スポーツ選手のパブリシティ権に関するわが国で最も古い裁判例として，元プロ野球選手の王貞治氏が現役時代の1978年に通算800号ホームランを達成した頃，その氏名や立像を表示した記念メダルの無断販売等禁止を命じた仮処分決定があるが，ここで「王貞治」という表示は同氏のフルネームとして氏名に当たり，このようなものはパブリシティ権の客体と言える[3]。

ただ，スポーツの世界では，相撲における四股名やプロボクシングにおけるリングネームのほか，野球などでも登録名が用いられる。本名でない登録名は「氏名」に当たらないと解されるが[4]，その他の「個人の人格の象徴」としてパブリシティ権の客体に含まれる場合はある（③参照）。

② スポーツ選手の「肖像」

スポーツ選手の肖像はパブリシティ権の客体に含まれる。もっとも，写真撮影された顔面が「肖像」に当たることは明らかである反面，絵画・彫刻，写実性の低いイラストや似顔絵による場合，あるいは顔の正面を含まない身体など，どこまでが「肖像」に含

---

3) 東京地決昭和53・10・2判タ372号97頁（王選手記念メダル事件）。もっとも，同決定は「パブリシティ権」という言葉を用いていない。

4)「氏名」を実名として，「芸名」「変名」「筆名」等と区別している法令として，著作権法14条，商標法4条1項8号参照。

まれるのかが問題となる[5]。ただ，仮に「肖像」に当たらないとしても，その他の「個人の人格の象徴」としてパブリシティ権の客体に含まれる場合はある（③参照）。

③　その他の「個人の人格の象徴」

図1

上記の最高裁判決が「人の氏名，肖像等」（下線筆者）と述べている以上，パブリシティ権の客体には人の氏名・肖像以外のものが含まれることになる。そして，同判決が「人の氏名，肖像等」を「個人の人格の象徴である」と述べていることからすれば，パブリシティ権の客体は「個人の人格の象徴」と言える必要があると解される[6]。

例えば，人の声や筆跡（例：サイン）は，氏名・肖像と同様に個人の人格と分離できないものと考えられるため，「個人の人格の象徴」としてパブリシティ権の客体に含まれると言えよう[7]。

また，身体のシルエット（参考として**図1**[8]参照）は，それが「肖像」に当たらないとしても，特定の個人に密接な結びつきを有する場合は，「個人の人格の象徴」としてパブリシティ権の客体に含まれると考えられよう[9]。

---

5)　なお，最判平成17・11・10民集59巻9号2428頁（和歌山毒入カレー事件）は，「自己の容ぼう等を撮影された写真」のみならず，「自己の容ぼう等を描写したイラスト画」についても，これをみだりに公表されない人格的利益を認めつつ，不法行為の成否の判断に関して「写真とは異なるイラスト画の……特質が参酌されなければならない」と判示している。

6)　上野・前掲注2)418頁参照。

7)　中島基至「判解（最判平成24・2・2）」最判解民事篇平成24年度(上)（2015年）41頁，上野・前掲注2)418頁参照。

8)　小西慶三『イチローの流儀』（新潮社，2006年。版元品切れ，文庫版刊行中）書影より引用。

さらに，スポーツ選手の登録名（例：イチロー，パンチ）が実名でない場合は「氏名」に当たらないと解されるが，特定の個人に密接な結びつきを有する場合は，「個人の人格の象徴」としてパブリシティ権の客体に含まれると解されよう[10]。

　では，例えば，特定のスポーツ選手を明確に想起させるシンボル（例：松井秀喜氏を想起させる「ゴジラ 55」）やキャッチフレーズ（例：アイルトン・セナ氏を想起させる「音速の貴公子」）はどうであろうか[11]。これらもある意味では当該個人と結びつきを有し，また顧客吸引力を有すると考えられるが，「個人の人格の象徴」と言えるほど個人の人格と密接な関係にあるとは言い難いように思われる。このように人格要素とは言い難いものについては，慎重な検討を要するように思われる[12]。

(2)　保護範囲 ◆

　氏名・肖像等を使用する行為は，どのような場合にパブリシティ権侵害となるのか。上記の最高裁判決は，「肖像等を無断で使用する行為は，……専ら肖像等の有する顧客吸引力の利用を目的

---

9)　なお，東京地判平成 17・6・14 判時 1917 号 135 頁（矢沢永吉パチンコ事件）では，パチンコ遊技機の画面に原告（矢沢永吉）の肖像をイメージして制作されたと推認されるイラスト（楽屋裏の通路で，白い上着とズボンの男が赤いタオルを肩にかけ，右手で地面を指さし，傾けた白いスタンドマイクを左手で持ち，横を向いてポーズをとる姿）が使用されたが，「原告を知る者が容易に原告であると識別し得るほどの類似性を備えたものとはいい難い」として，パブリシティ権侵害を否定したものがある。

10)　中島・前掲注 7)41 頁，上野・前掲注 2)418 頁参照。

11)　なお，前掲注 3)東京地決昭和 53・10・2（王選手記念メダル事件）において決定の対象となった「BIGONE 800」「800 号達成記念」といったような表示も，それが単体でパブリシティ権の客体に当たるか問題となり得よう。

12)　上野・前掲注 2)419 頁参照。

とするといえる場合に，パブリシティ権を
侵害するものとして，不法行為法上違法と
なる」とした上で，例として3類型──①
「肖像等それ自体を独立して鑑賞の対象と
なる商品等として使用」すること，②「商
品等の差別化を図る目的で肖像等を商品等
に付」すこと，③「肖像等を商品等の広告
として使用する」こと──を示している。
例えば，人気スポーツ選手の氏名・肖像を

図2

用いた写真集・グッズの販売や広告ポスターの制作がこれに当た
る。

　ただ，パブリシティ権侵害になるのは，あくまで「専ら肖像等
の有する顧客吸引力の利用を目的とする」場合である以上，顧客
吸引力ある氏名・肖像等を使用する行為が常にパブリシティ権侵
害になるわけではない。例えば，民放テレビ番組で，ある人気ス
ポーツ選手の結婚を報道する目的で同選手の氏名・肖像を使用す
ることは，営利目的とはいえ，それが報道という目的に照らして
正当な範囲である限り，「専ら肖像等の有する顧客吸引力の利用
を目的とする」とは言えず，パブリシティ権侵害に当たらないと
考えられる。

　裁判例においても，元サッカー選手の中田英寿氏の半生を描い
た書籍（グラビア部分4頁＋本文237頁）において，肖像写真23
枚及びサインが掲載されているほか，カバー表紙にも大活字で同
氏の氏名及び全身カラー写真が使用されていた（図2参照）とい
う事案で，「顧客吸引力に着目して専らこれを利用しようとする
ものであるとは認められない」としてパブリシティ権侵害が否定
されている[13]。

⑶ 主 体 ━━━━━━━━━━━━━━━━━━━━━━━◆

① 選 手

　パブリシティ権はどのような者が有するのか。上記の最高裁判決は，パブリシティ権を「顧客吸引力を排他的に利用する権利」とした上で，「肖像等に顧客吸引力を有する者」という表現も用いていることから，パブリシティ権の主体は，氏名・肖像等に「顧客吸引力」を有する者ということになる。最近の裁判例においても，あるフィットネストレーナーについて，その肖像等が一定の顧客吸引力を有するとしてパブリシティ権を肯定したものがある一方[14]，ある医師について，その肖像が顧客吸引力を有しないとしてパブリシティ権を否定したものがある[15]。

　したがって，スポーツ選手についても，氏名・肖像等に顧客吸引力を有する者は，プロ・アマを問わず，パブリシティ権を有することになる。

② 管理委託

　実務上，スポーツ選手はパブリシティ権の管理を他者に委託することが少なくない。

　最近の学説では，パブリシティ権について一定の譲渡可能性を認める見解も有力であるが[16]，上記の最高裁判決がパブリシティ権を「人格権に由来する権利の一内容を構成する」としている

---

13)　東京地判平成 12・2・29 判時 1715 号 76 頁（中田英寿事件：第一審）。ただし，プライバシー権及び著作権の侵害を理由とする差止請求及び損害賠償請求は認容されている（同控訴審判決〔東京高判平成 12・12・25 判時 1743 号 130 頁〕も参照）。

14)　大阪高判平成 29・11・16 判時 2409 号 99 頁（Ritmix 事件）。

15)　東京地判平成 31・1・25 裁判所 Web（平 29(ワ)40121 号。遠隔医療アプリ事件）。

ことから，パブリシティ権の譲渡可能性を否定する見解が少なくない[17]。ただ，そのように考えるとしても，氏名・肖像等について他人に使用許諾を行うことは可能であり，独占的な使用許諾を通じて第三者への許諾業務を委託することも可能と解される。

　裁判例においても，プロ野球選手が球団と締結する統一契約書によって，氏名・肖像の独占的な使用許諾を行っており，当該球団が第三者に当該氏名・肖像の使用許諾を行う権限を有すると認めたものがある[18]。

　独占的使用許諾を与えられた者（独占的ライセンシー）は，パブリシティ権を有するわけではないが，知的財産法上の独占的ライセンシーによる差止請求[19]及び損害賠償請求[20]に関する議論とパラレルに考えるならば，パブリシティ権についても，本人が第三者による侵害排除義務を負う場合は独占的ライセンシーによ

---

16)　本山雅弘「パブリシティ権の権利構成の展開とその意味に関する覚書」國士舘法學 45 号（2012 年）82 頁以下，米村滋人「人格権の権利構造と『一身専属性』(五・完)」法協 134 巻 3 号（2017 年）461 頁，同「人格権の譲渡性と信託──ヒト試料・著作者人格権の譲渡性を契機に」水野紀子編著『信託の理論と現代的展開』（商事法務，2014 年）90 頁以下参照。

17)　中島・前掲注 7)59 頁以下のほか，上野・前掲注 2)414 頁注 41 に掲げられた文献を参照。

18)　知財高判平成 20・2・25 裁判所 Web（平 18(ネ)10072 号。プロ野球選手パブリシティ事件）。これに関して，升本喜郎「プロ野球選手の肖像権に関する使用許諾権限の所在」コピライト 550 号（2007 年）30 頁，小泉直樹「プロ野球選手の肖像等使用許諾権限の所在をめぐる統一契約書の解釈」斉藤博先生御退職記念論集『現代社会と著作権法』（弘文堂，2008 年）1 頁，渡邊隆純「プロスポーツ選手の肖像権について──プロ野球選手肖像権訴訟事件（東京地判平成 18・8・1）を契機として」九州国際大学法政論集 11 巻（2009 年）297 頁，浦川道太郎＝山崎卓也「プロ野球選手肖像権訴訟に関する一考察」L & T57 号（2012 年）25 頁，斉藤博「プロ野球選手の氏名・肖像が有するパブリシティ価値」法理論 44 巻 4 号（2012 年）10 頁，稲垣勝之＝那須勇太「プロ野球ビジネスと知的財産」ジュリ 1514 号（2018 年）29 頁以下等参照。

る侵害者に対する差止請求が可能と解され，また，独占的ライセンシーによる現実の独占状態が認められる場合は当該独占的ライセンシーによる侵害者に対する損害賠償請求が可能と解される[21]。

したがって，かつてのパブリシティ権訴訟というのは，芸能人やスポーツ選手らがやむなく自ら原告として訴訟提起するのが一般的であったが，今後は，独占的使用許諾を受けたプロダクションやスポーツ団体等による訴訟提起が広く認められると考えられよう。

なお，スポーツ選手によるパブリシティ権の管理委託に関しては，特に団体競技やリーグスポーツの世界において，多数の氏名・肖像等の包括的な使用許諾による便益が認められること等から，統一契約を通じた特定のスポーツ団体等による集中管理が広く行われる反面，本人の権利ないし自由に対する過度な制約や競争の阻害のおそれもあり得ることから，その有効性等について，民法，独占禁止法，労働法等の課題として議論されている[22]。

19)　島並良ほか『特許法入門』（有斐閣，2014年）241頁［横山久芳］，同ほか『著作権法入門〔第3版〕』（有斐閣，2021年）254頁［横山］，加戸守行『著作権法逐条講義〔6訂新版〕』（著作権情報センター，2013年）449頁，東京地判平成14・1・31判時1818号165頁（トントゥぬいぐるみ事件），東京地判平成28・9・28裁判所Web（平27（ワ）482号。スマホケース事件）等参照。

20)　島並ほか・前掲注19)『特許法入門』241頁以下［横山］，同ほか・前掲注19)『著作権法入門』255頁［横山］，東京地判平成27・4・15裁判所Web（平26（ワ）24391号。アマナイメージズ事件）等参照。

21)　中島・前掲注7)63頁以下参照。裁判例として，東京地判平成17・3・31判タ1189号267頁（長嶋一茂事件），前掲注14)大阪高判平成29・11・16（Ritmix事件），知財高判令和2・2・20裁判所Web（平31（ネ）10033号。ジル・スチュアート事件：控訴審）（第一審判決〔東京地判平成31・2・8裁判所Web（平28（ワ）26612号・平28（ワ）26613号）〕引用部分）参照。

おわりに

　本項目では，スポーツ選手のパブリシティ権に焦点を当てたが，スポーツに関わる知的財産法上の課題には様々なものがある。特に既存の制度枠組みに収まらない微妙な問題が多いため，研究対象としても関心を集めつつある[23]。いずれまたそうした論点についても語ることにしよう。

---

22)　さしあたり，川井圭司「プロ・スポーツ選手に対する労働法の適用と意義」道垣内正人 = 早川吉尚編著『スポーツ法への招待』（ミネルヴァ書房，2011 年）273 頁，中島菜子「スポーツ産業に対する独占禁止法の適用」同 253 頁，隈元利佳「フランス法における取引対象としての肖像権」法学政治学論究 113 号 105 頁（2017 年），小泉直樹「パブリシティ権保護の近況」曹時 72 巻 3 号（2020 年）489 頁以下，小泉・前掲注 18)7 頁以下等参照。

23)　例えば，足立勝『アンブッシュ・マーケティング規制法──著名商標の顧客誘引力を利用する行為の規制』（創耕舎，2016 年），町田樹「著作権法によるアーティスティック・スポーツの保護の可能性──振付を対象とした著作物性の確定をめぐる判断基準の検討」日本知財学会誌 16 巻 1 号（2019 年）73-96 頁（同『アーティスティックスポーツ研究序説──フィギュアスケートを基軸とした創造と享受の文化論』〔白水社，2020 年〕71 頁以下所収）参照。

性と障がいから考える
スポーツと憲法

Ⅰ　架空の事案

　本項目に与えられた課題は，つぎのような「架空の事案」について，憲法の観点から考えることである[1]。

　事案①——女子 X 競技の D 選手は，「アンドロゲン過剰症（男性ホルモンのテストステロンが多く分泌されて男性化を引き起こす内科疾患）」で，「身体の形状は女性であったとしても生物学的には男性であるとして」，競技団体によりオリンピックへの出場が拒否された。

　事案②——障がい者 X 競技の E 選手は，パラリンピックではなくオリンピックの代表としてエントリーしようとしたが，「左脚の膝から下に装着している炭素繊維製のブレード義足が，健常者の脚よりも競技能力を向上させる機能を有しているのではないかが問題視され」，競技団体によりエントリーが拒否された。

　特段のスポーツ好きでもない読者は，いずれも現実離れした事案だと思ったかもしれない。しかし，現実世界はしばしば我々の知識や想像力を凌駕し，実に多様である。

Ⅱ　現実の事案

　事案①——スポーツファンにとって，南アフリカの C・セメン

---

1)　項目 1 を参照。

ヤ選手の名は馴染みのあるものだろう。3 つの世界陸上（2009 年ベルリン大会，2011 年大邱大会，2017 年ロンドン大会）と 2 つのオリンピック（2012 年ロンドン大会，2016 年リオデジャネイロ大会）の女子 800m で金メダルを獲得した，女子陸上界の「絶対王者」である。

　彼女は生まれつき男性ホルモンのテストステロン（アンドロゲン）の値が高く，それが骨や筋肉の発達に影響する可能性があるとして他選手から不公平との声があがり，2009 年，国際陸上競技連盟が性別検査を実施したり，2018 年には同陸連がテストステロン値の高い女性選手の 400 m ～ 1 マイル（約 1600 m）の種目への出場を制限するルールを作るなど，狙い撃ちとも言える不利益処遇を受けてきた[2]。

　事案②──ある集計によれば，聴覚障がい者を除く障がい者アスリートがオリンピックに参加した例は 2 選手 6 大会，同じ年のオリンピック・パラリンピック両方に参加した例は 11 選手 14 大会もある[3]。

---

[2]　その後，彼女は同ルールの無効を求めスポーツ仲裁裁判所に訴えを提起したが，同裁判所及びスイス連邦最高裁で敗訴が確定した（2020 年 9 月）。スポーツ仲裁裁判所（CAS, Court of Arbitration for Sport）については，生田圭「オリンピック・パラリンピック時におけるスポーツ仲裁裁判所（CAS）の活動と開催国の法律家によるプロボノサービス」法セ 764 号（2018 年）27-31 頁を参照。また，彼女を巡る一連の経緯については，小林智香子「セメンヤ選手の訴え棄却／男性ホルモン値の高い女性選手の競技出場制限」週刊金曜日オンライン 2019 年 5 月 17 日（http://www.kinyobi.co.jp/kinyobinews/2019/05/17/gender-29/）や，小林恭子「世界陸上断念の女子陸上セメンヤ選手はただの女性，レイプのような検査をやめて出場させてほしい」ニューズウィーク日本版 2019 年 8 月 29 日（https://www.newsweekjapan.jp/kobayashi/2019/08/-dsd.php）を参照。2021 年 2 月には，欧州人権裁判所への提訴が報道された。

[3]　小倉和夫「オリンピックとパラリンピックの『結合』についての一試論」パラリンピック研究会紀要 7 号（2017 年）1-18 頁〔8-9 頁〕を参照。

オリンピック・パラリンピック「二刀流」の選手の事例には，たとえば，生まれつき右肘から先がなく左手だけで卓球をし，北京大会，ロンドン大会，リオデジャネイロ大会に出場したN・パルティカ選手や，交通事故のため下半身不随となり車椅子でアーチェリーをし，リオデジャネイロ大会に出場したZ・ネマティ選手[4]のように，当該スポーツと障がいの関係に着目したとき，選手が使用する人工器具（パルティカ選手はなし，ネマティ選手は車椅子）が，特に公正さを疑わしめるものではないケースもあれば，**架空事案②**のように，人工器具（義足）が，その競技において最も直接的に利用される身体の部位に関わることから，健常者との競争において公正か否かの判断を困難とするケースも存在する。

　南アフリカのO・ピストリウス選手（両足が義足）がまさにそれで，2008年北京パラリンピックに出場した[5]のち，2011年大邱世界陸上，2012年ロンドンのオリンピック・パラリンピックに出場した。

---

4)　「アーチェリー ザハラ・ネマティ／車いすで五輪へ『2つの道走る』」日本経済新聞2019年7月19日朝刊（https://www.nikkei.com/article/DGKKZO47509140Y9A710C1UP6000/）や，NHK「"枠"を超えていこう　オリ・パラ"二刀流"選手からのメッセージ」2018年10月19日（https://www.nhk.or.jp/sports-story/detail/20181019_3284.html）などを参照。

5)　彼自身はオリンピックへの出場を目指していたが，国際陸連が出場資格を認めず，スポーツ仲裁裁判所が同陸連の決定を覆した（Arbitration CAS 2008/A/1480, *Pistorius v. IAAF*, 16/05/2008）ものの，オリンピック参加標準記録を超えることができず，結局パラリンピックのみに出場となった。

何が問題か

(1) 男とは？女とは？ ─────────────────────◆

　セメンヤ選手のような女性については，かつては「両性具有」「半陰陽」といった《本来的な男でも女でもない者》というニュアンスをもつ概念で論じられることが多かったが，近時は，「性分化疾患」（DSD, Differences of Development of Sex：「体の性の様々な発達」）という概念で説明されることが多くなっている。

　DSD当事者とは，男の体・女の体はこうである，という医学的又は「社会生物学的」な固定観念と異なる体を先天的にもつ人のことで，たとえば，出生時に外性器の形状から女性と判断され，その後も女性として生育された（つまり本人も周囲も彼女が女性であることを疑わずにきた）ものの，適齢になっても月経がないため検査をすると，染色体はXY，性腺は精巣であることがわかった，というようなケースが実際にあるのである。そしてこのような女性はアンドロゲン不応症（AIS, Androgen Insensitivity Syndrome）であることも多く，その場合，体内でアンドロゲンが分泌されるにもかかわらずそれを受容することができないため，「一般的な」男性の身体的特徴が発達しない[6]。

　そのような女性を，染色体や性腺を理由に男性として扱うべきであるのか，がこの問題の核心である。伝統的には，外性器の発達具合により男性か女性かを判別し，それで不明な場合には，染色体でXYかXXに2分し（実際にはそれ以外の染色体をもつ人も存在する），さらには性腺が精巣か卵巣かによって男性と女性に2分するという手法が取られてきたが，そのような2分法がなおそのままで良いのか，である。

伝統的な性理解は，伝統的であるがゆえに社会通念を形成し，そしてそれが実定法とその解釈に影響することが多いだろう。憲法14条及び44条は「性別」による差別を禁止しているし，24条は，「両性」の合意のみに基づいて婚姻が成立すること（1項）と，婚姻・家族についての法律が「両性」の本質的平等に立脚すべきこと（2項）を定めている。

　制憲時の「両性」や「性別」という用語法が，伝統的な生物学的性についての2分法を前提とするものであったとして，したがっ̇て̇，現在これらの条文を解釈するときにその用語法に従うべきか否かは，必ずしも一義的な答えの存在する問いではない。立法時の用語法に従って解釈すべきであるとか，立法者の意図に従って解釈すべきであるといった強い主張は，特定の解釈方法論を採用しなければ出てこないものであることには，注意が必要である。

(2)　平等とは？公平とは？　────────────◆

　ピストリウス選手の事案が投げかける問題は，ごく抽象化して

6)　AIS では脳内でもアンドロゲンが反応しない場合も多く，そうすると，男性ホルモンが心身の双方で反応せず，彼女の心身には「男性性」がまったく見られない，したがって彼女は「誰よりも女の子」，しかし体内には精巣があり，染色体は XY である…ということになるわけである。

　DSD については，日本性分化疾患患者家族会連絡会「ネクス DSD ジャパン」のサイト（https://www.nexdsd.com/dsd）や，同会を主宰する公認心理師ヨ・ヘイル氏の対談「陸上・金メダリストのセメンヤ選手の性別が議論に／ DSDs（性分化疾患）について知る」TBS ラジオ「荻上チキ・Session-22」2019 年 3 月 4 日（https://www.tbsradio.jp/346799）を参照。なお，「社会生物学的」，「誰よりも女の子」という表現は，ヨ・ヘイル氏の用いたものである。

　また，AIS について，「DSD 女性の場合は，テストステロンがどれだけ出ていても，全く反応しないという女性が実は一番多い」（完全型 AIS である XY 女子は 1.3 万人に 1 人，一部反応する不完全型 AIS は 13 万人に 1 人である）ことなど，小林恭子・前掲注 2）も参照。

言えば，先天的に「実質的不平等」が存在する当事者間に「機会の平等」を保障するため不利な側の当事者に特に与えられる措置が，特定の競争原理が支配する場ではかえって不公平であるとの非難や疑義をもたらす状況にどう対応すべきか，という問題である。

ここで「当事者」とは，特定の競争原理が支配する場に登場する個々人の間に実質的不平等が存在する場合のそれら登場者を言うのに限らず，特定の属性に着目するとその属性をもつ人々が総体的にその属性をもたない人々に比べ実質的に不利な状況にあると言える場合に，その属性をもつというだけの理由でその属性をもつ人をも「当事者」に含める，という意味で，通常の用語法よりその外延は広い。

たとえば，ピストリウス選手と健常者が競走する場合に問題となる当事者や，大学入試において何らかの障がいをもつ受験生に特別措置を認める場合に問題となる当事者は前者（個別的当事者）の例であるが，雇用や政治の場における女性や障がい者の積極登用を目指すポジティブ・アクション[7]や，大学入試における黒人受験生への優遇措置としてのアファーマティブ・アクションにおける当事者は後者（集合的当事者）の例である（後者の集合的当事者を対象とする場合には，「機会の平等」のみならず「結果の平等」が志向ないし達成されることもある）。

つまり，ピストリウス選手の事案や架空事案②が提起する問題は，憲法論で言えば平等原則の実質的達成のための諸方策という

---

[7]　とくに女性に対するポジティブ・アクションについて，辻村みよ子『ポジティヴ・アクション──「法による平等」の技法』（岩波新書，2011 年）を，障がい者に対する雇用の場におけるそれについて，浅倉むつ子「障害を理由とする雇用差別禁止の法的課題」障害法 1 号（2017 年）33-49 頁を，それぞれ参照。

古典的論点に回収される話——もちろん，すでに論じ尽くされたという意味ではまったくない[8]——が，スポーツという特殊な場で発現しているにすぎない，とも言うことができる。

これに対して，セメンヤ選手の事案，あるいは架空事案①が提起する問題は，ちょうど逆方向のものである。最後にこの点を検討しておこう。

IV どう考えるか——スポーツと憲法

(1) 私人間の紛争

まず，架空の事案にせよ，セメンヤ選手やピストリウス選手の事案にせよ，オリンピック・パラリンピック等への出場に際し特定選手が不利益扱いを受け，それが不当ではないかという問題は，実は，そもそも憲法問題ではない。競技大会への出場の可否を決定するのは競技団体であるが，「競技団体は，あくまでも私人であって，行政機関ではない」[9]からである。

憲法上の自由権規定や平等原則は，「国または公共団体の統治行動に対して個人の基本的な自由と平等を保障する目的に出たもので，もっぱら国または公共団体と個人との関係を規律するものであり，私人相互の関係を直接規律することを予定するものではな〔く，〕……憲法上の基本権保障規定をそのまま私人相互間の関係についても適用ないしは類推適用すべきものとすることは，

---

8) 障がい者の憲法上の権利保障についての研究は，わが国では依然として十分とは言えないが，1つの達成状況を示すものとして，植木淳『障害のある人の権利と法』（日本評論社，2011年）がある。

9) 項目4（→48頁）。

決して当をえた解釈ということはできない」[10]とする判例の立場を前提とするならば，かかる紛争解決のために適用される法は憲法ではないことになるし，学説上，私人間効力についての通説とされる間接効力説によるとしても，そのことに変わりはない（憲法の趣旨が私法の解釈に間接的に影響を及ぼすにとどまり，そこで憲法が適用されるわけではない）。

　もちろん，憲法問題ではないからといって，憲法理論が紛争解決に資することがない，とは言えないであろう。たとえば，代表選手選考を巡る紛争にかかる日本スポーツ仲裁機構（JSAA）の判断例が示す基準が「行政裁量の統制基準によく似ている」[11]のは，おそらく行政判例や行政法学説が積み上げてきたものがJSAA の法的判断形成に際し参照されているからであろうが，同様に，憲法判例・学説の理論的蓄積が障がい者と健常者の競争の場での紛争解決に資することは，十分にあり得る[12]。もちろん，スポーツを支配する特殊な論理が憲法理論をどのように修正する（べき）かについては，憲法学のみではなし得ない困難な検討が要求されるであろうことは言うまでもないが。

(2)　スポーツが憲法を変える？ ━━━━━━━━━◆

　ピストリウス選手の事案が，障がい者に関する憲法学の知見をスポーツの場にどう当てはめるかという問題であったのに対し，

---

10)　最大判昭和 48・12・12 民集 27 巻 11 号 1536 頁〔1553 頁〕（三菱樹脂事件）。

11)　項目 4（→ 48 頁）。

12)　語の最も一般的な意味での「人権」と，それとは区別されたものとしての「憲法上の権利」について，南野森「人権の概念——憲法・憲法学と『人権』」同編『憲法学の世界』（日本評論社，2013 年）120-134 頁，とくに，「人権問題であっても憲法問題ではない」問題の存在に注意を促す 133 頁以下を参照。

セメンヤ選手の事案は，それとは反対向きに，スポーツの場での実例が憲法論に何らかの変容を迫る契機となり得ることを示している。

　憲法の用いる「両性」「性別」という語を，伝統的な生物学的男性・女性を意味するものとして，そしてそれ以外の多様な性のあり方を否定すべきものとして，解釈し続けることが良いのかどうか。そこにジェンダーの視点を持ち込むべきか否か。近年のジェンダーに関する議論の目覚ましい進展は，憲法理論が伝統的な男女２分論に立脚したままでは現実の諸問題にもはや十分に対応できないことを教えてくれるが，それに加えて，セメンヤ選手の事案は，ジェンダーの問題ではなく生物学的性の問題さえも，伝統的な２分法を否定・修正せざるを得ない場合が存在することを我々に教えてくれる。

　「男女に分かれて競技するという五輪の前提を変えるべきだと主張する論文」を 2018 年に発表したニュージーランドのある研究者は，「ハンディキャップや記録に係数をかけるルールなど，男女が一緒に（競技を）できるように工夫するべき」とし，「100 年以上前には，女性がスポーツをすることに違和感を感じる時代があった。男女を区別せずに競技することへの抵抗感も，慣れの問題だ」と述べたそうである[13]が，スポーツ界でそのような主張が有力になれば，伝統的生物学的性区分を前提とする日本の法制度にも影響が及ぶことになるかもしれない。

　より一般的に言えば，スポーツ界におけるルールであるスポーツ法が，スポーツ界を超えて一般市民社会の実定法制度に影響を

---

13)　忠鉢信一＝遠田寛生「女性になって五輪出場はあり？　『不公平』と批判も」朝日新聞 2020 年 4 月 19 日朝刊（https://www.asahi.com/articles/ASN4K6TWGN4 FULZU00D.html）

与える可能性は，過小に見積もられるべきではないのである。

たとえば，2014年に浦和レッズのサポーターが人種差別的な横断幕を掲げたことを理由に無観客試合処分がJリーグによって下されたが，これには，国際サッカー連盟（FIFA）が「2013年7月に加盟各協会に対して出した制裁に関する通達の影響」を看取することができるだろう。国際的なスポーツ統括組織は，「FIFAが，人種差別に対して徹底的に厳しい態度をとれば，全世界の加盟各国協会などは，それに応じて厳しい態度を取ることになる」というように，「ある意味，国際連合以上の実効的なエンフォースメントシステムをもつ」とも言えるのである[14]。

スポーツ界は，元来「もっとも人権尊重から遠い価値観のもとで運営されることが多かった」[15]にもかかわらず，今では，その強大な「国際性」と「価値実現力」をもって，普遍的人権価値のエンフォースメントに貢献しつつあるわけである。

読者が，今後，スポーツと実定法の相互影響関係に注目し，スポーツ法学とその影響を受けるはずの憲法学への関心を深めてくれれば幸いである。

---

[14] 山崎卓也「スポーツ法のこれからの役割——スポーツを通じて人権保障を実現する時代」法セ764号（2018年）18-22頁〔20頁〕を参照。

[15] 山崎・同上。

11 国際スポーツ団体を巡る「不正」

I はじめに

　項目1において，本書に関してイメージを持ってもらうべく設定した架空の事例の中に，筆者は，「2020年のオリンピック開催都市の決定の際に，開催都市の決定に投票権のある『国際オリンピック委員会』の委員の一部に賄賂が渡されたのではないかという疑惑が，フランスの『予審判事』により持たれている」という部分を入れ込んだ。

　しかし，かかる疑惑がフランスの「予審判事」により持たれており，捜査がなされていることは，実は，架空の話ではなく現実の話である[1]。そこで，オリンピックを代表とする国際スポーツイベントの招致等を巡り，国際スポーツ団体との関係でどのような問題がこれまでに発生してきたのか。これに対して，どのような対策が現在とられているのか。この項目においては，こうした点について論じてみたい[2]。

　以下ではまず，オリンピックに代表される国際スポーツイベントの招致を巡りどのような形で「不正」が過去に問題とされてきたかにつき紹介した上で（II），かかる「不正」を法的に非難す

---

1)　日本経済新聞電子版2019年1月11日（https://www.nikkei.com/article/DGXMZO39926310R10C19A1CC1000/）。

2)　なお，パラリンピックについては，オリンピックの開催都市の決定に連動する形で，同じ都市で開催されることとなるため，「招致活動と不正」という文脈との関係では，オリンピックこそが問題となる。そのため，以下では触れないこととする。

ることを可能とする手段として，現在，主要国の法制がどのように整えられているのかにつき紹介する（**Ⅲ**）。また，そうした国際的な非難に対し，「国際オリンピック委員会」（IOC）に代表される国際スポーツ団体がどのような改善策を採るに至っているのかについても紹介することとする（**Ⅳ**）。

Ⅱ 国際スポーツイベント招致を巡る これまでの「不正」

　国際スポーツイベントの代表といえば，何といってもオリンピックであろう。その開催都市として決定されれば，様々な競技施設を建設する必要が生じ，国内に莫大な建設需要が生まれる。また，オリンピック観戦を契機として世界各国から観光客が訪れるため，莫大な観光需要も生まれる。また，それ以上に重要なこととして，当該開催都市の魅力のPRが全世界規模でできるということがある。開催期間及びその前後に亘って，頼まなくとも全世界のマスコミが当該都市のPR活動を行ってくれるのであり，その効果を金銭的に評価した場合，それは莫大なものになる。

　以上のような莫大な効果をもたらしてくれる点が勘案されるためか，オリンピックの開催都市の決定に際しては，複数の都市が立候補することが，これまでは通常であった。決定権限を有しているのはIOCの委員であり，決定がなされるIOC総会で自らの都市に投票してもらうために，かかるIOC委員に対して，立候補都市，さらには，その都市が属する国によって，様々なロビー活動が行われるのが当たり前であった。

　問題は，かかるロビー活動に，IOC委員に対する金銭その他の利益供与といった「不正」がともなうことがないかである。こ

の点，過去においては，スキャンダルが存在していた。

　スキャンダルが大々的に発覚したのは，2002年に開催が決まったソルトレークシティ冬季オリンピックのための招致活動についてであった。すなわち，1999年1月24日に，IOC理事会は，6名のIOC委員につき，ソルトレークシティのオリンピック招致委員会から金員など様々な利益供与を受ける重大な倫理違反を犯したとして，その資格を暫定的に差し止めた上で，IOC総会での追放処分を勧告した。またこの他にも，1名が戒告処分，3名が継続調査となり，さらにこの日までに3名のIOC委員が自主的に辞任した。そしてこれを契機に，過去のオリンピック招致活動についても遡って問題視されることとなった[3]。

　その結果，ソルトレークシティの直前に開催された冬季オリンピック，すなわち，1998年に開催された長野冬季オリンピックのための招致活動も問題視されるに至った。この時，長野における「IOC委員には必ず通訳とお世話係がつき，いたれりつくせりである。ヘリコプターによる競技会場予定地の視察や，知事および市長との懇談，市内観光などが行われ，夜は戸倉上山田温泉の和風旅館に宿泊する。そこで宴会。」翌朝，「日本画や長野の工芸品といったお土産を渡され，そのまま京都に移動する。古都の観光を堪能し，当地の超一流ホテルに宿泊。ここでも接待を受けて……」といった接待攻勢がなされており[4]，IOC委員へのお土産代だけで6300万円以上が使われていた[5]。

　また，ソルトレークシティの直前に開催される夏季オリンピック，すなわち，2000年に開催されるシドニー夏季オリンピック

---

3)　信濃毎日新聞1999年1月25日朝刊。

4)　相川俊英『長野オリンピック騒動記』（草思社，1998年）70頁。

5)　広報ながのけん46号（2005年12月1日）。

のための招致活動についても，アフリカの2国のIOC委員それ
ぞれに，自国のスポーツ振興のための支援金という名目で3万
5000オーストラリアドルが渡されたことが判明し，問題視され
るに至った[6]。

　他方，オリンピックに匹敵する規模の国際スポーツイベントと
して，サッカーのワールドカップを挙げることができよう。そし
て，かかるサッカーのワールドカップについても，その開催国の
決定を巡って，同様の「不正」が問題となっている。すなわち，
開催国の決定につき投票権を有する「国際サッカー連盟」
（FIFA）の理事に対し，2022年カタール大会の招致活動において
総額500万米ドル以上の買収工作があったとの報道があり[7]，カ
タールの招致活動に「不正」があったのではないか，これを契機
に問題視されるようになっている。

　以上のように，国際スポーツイベントの開催都市に立候補した
都市・国の間での競争激化が，投票権を有する国際スポーツ団体
の委員・理事等への利益供与の競争を促す傾向があったことは，
間違いのない事実である。ただ，そのような利益供与が倫理的な
問題を超えて法的な「不正」として非難されるためには，供与が
なされた相手が公務員であることが求められるのが，これまでは
通常であった。この点，項目**2**で示されているように，例えば，
IOCは「非政府」の「スイス法人」にすぎず，FIFAも同様であ
る。つまり，投票権を有するIOC委員やFIFA理事も，厳密に
は民間人であるにすぎない。また，これについては他の国際ス
ポーツ団体も同様である。とすると，国際スポーツ団体における

6)　Independent 1999年12月28日朝刊。
7)　The Sunday Times 2014年6月1日朝刊。

「不正」が法的に裁かれることはないということになるのであろうか。

国際スポーツ団体を巡る「不正」への法的な非難

　民間団体といえども，自分や第三者の利益を図る目的で，自らの任務に背く行為をすることにより当該団体に財産上の損害を与えた場合には，例えば，わが国においては，背任罪（刑247条）や特別背任罪（会社960条～962条・一般法人334条等参照）が成立する。そして，かかる背任罪・特別背任罪の定めは各国にも同様に存在しており，スイス法人たるIOCの委員もFIFAの理事も，その規制対象から外れるわけではない。

　ただ，そのことは前提とするとしても，ここでの問題は，IOC委員・FIFA理事といった厳密には民間人である人々との関係で，贈収賄に関する罪が成立するか否かである。

　この点，わが国の刑法193条以下の「汚職の罪」は，わが国の公務員であることを前提としている。他方，わが国の不正競争防止法18条の「外国公務員贈賄罪」は「外国公務員」に対する贈賄を禁ずる法制であるが，文字通り，客体は当該外国において「公務員」でなければならない。逆に言えば，国際スポーツ団体といえどもそれが私的な法人である限り，その構成員が「公務員」「外国公務員」ではない以上，わが国における贈収賄に関する罪が成立する余地はないということになる。

　ところが，近時においては，かかる前提をとらない法制度を持つ国々が，次々に登場している。

　まず，英国におけるBribery Act 2010である[8]。わが国の不

正競争防止法 18 条と同様に贈賄行為を禁ずる法律であるが，その客体については "another person" とするのみで（同法 1 条），供与がなされた相手が公務員に限定されていない点に特徴がある[9]。すなわち，贈賄行為が同法の適用が及ぶ主体によりなされたものである限り，IOC 委員・FIFA 理事といった民間人への贈賄も処罰の対象になり得るのである。

　これに対し，米国の同様の法律，The Foreign Corrupt Practices Act of 1977 は[10]，わが国の不正競争防止法 18 条と同様に，"foreign official" への贈賄のみを禁じている（§78dd-1(a)）[11]。しかし，だからといって，米国において IOC 委員・FIFA 理事といった民間人への贈賄が処罰の対象にならないというわけではない。例えば，2020 年 4 月，米国の「司法省」（DOJ）は，2018 年と 2022 年のサッカーのワールドカップの開催を確実にするためにロシア側とカタール側から FIFA の理事に賄賂が渡されたことを理由に複数の者を起訴しているが，その際には，「通信詐欺」（wire fraud）や[12]，「マネーロンダリング」（Money Laundering）が[13]，その根拠として用いられている。すなわち，民間人への贈賄を直接の対象としていなくとも，米国にはそうした行為の外縁を処罰する様々な法規が存在するため，それらを利用して

8)　2010 c. 23.

9)　同法について詳しくは，早川吉尚ほか編著『海外腐敗行為防止法制と国際仲裁法制の戦略的活用』（商事法務，2015 年）59 頁以下を参照。

10)　15 U.S.C. 78m, et seq.

11)　同法についても詳しくは，早川ほか編著・前掲注 9)22 頁以下を参照。

12)　18 U.S.C. §1343. 他人から金銭や財産を奪う目的で詐欺のスキームや策略を考え，その実行のために州際又は国際的な電子通信を使用する行為を処罰するものである。その対象には，18 U.S.C. §1346 により，他人から「誠実なサービスを受ける権利」を奪うという形態も含まれるに至っている。

13)　18 U.S.C. §1956.

の処罰が可能なのであり，また，実際にも起訴がなされているのである。

　他方，現在，「予審」という名の捜査が続いているフランスについてはどうか[14]。この点，フランスでは英国と同様に，公務員以外の者への利益供与をも対象とした贈収賄罪が定められており[15]，実際に，現在，2016年に開催されたリオデジャネイロ夏季オリンピック，2022年に開催予定のカタールでのワールドカップ，さらに，2021年開催予定の東京夏季オリンピック，それぞれの招致活動において贈収賄が行われていなかったか，捜査が続いている[16]。

---

14)　フランスの贈収賄罪についても詳しくは，早川ほか編著・前掲注9)92頁以下を参照。なお，フランスでは，捜査の指揮を「予審判事」なる裁判官が執るシステムになっており，かかる「予審」が終了すると，その結果を受けて，検察官が公訴提起するか否かを判断することになる。

15)　フランス刑法典445-1条以下。

16)　なお，筆者は2016年において，「公益財団法人日本オリンピック委員会」による依頼により，2020年開催予定のオリンピックの招致活動を行った「東京2020オリンピック・パラリンピック招致委員会」が贈賄行為を行ったか否か，この問題の調査を行う「調査チーム」の座長を務めた。より具体的には，同招致委員会が，シンガポールのコンサルタントに，コンサルタント料として2回に渡って支払った総額232万5000米ドルが，IOC委員への贈賄に用いられたか否かの調査である。その時点の結論としては，同招致委員会において当該コンサルタント契約に関与したいかなる者においても，その金員がコンサルタント料以外の何かであるといった認識はなく，結果，贈賄を企図した者は誰もいなかったというものであった。なお，その後において，全く新しい事実も報道されるようになっており，今後，同事件は全く新たな展開をみせる可能性がある。かかる報道については，FACTA 2020年9月号84頁を参照。

Ⅳ 国際スポーツ団体における改善策

ところで，このように様々にスキャンダルが取り沙汰された結果，国際スポーツ団体の側においても，様々な改善策が採られるようになっている。

例えば，ソルトレークシティの招致活動に関するスキャンダルが発覚した際においては，2006年の冬季オリンピックの開催都市に関してだけは，オリンピック開催都市の選定の際のIOC委員全員による秘密投票が見直され，理事会メンバーではない8人の委員を中心にIOC選手会の代表3人らをも加えた16人の「選定委員会」で選ぶことにされた[17]。

また，2020年オリンピック招致において適用されていたIOCの倫理規程においては，その一部をなす "Rules of Conduct Applicable to all Cities Wishing to Organize the Olympic Games" の9条において，「オリンピック関係者又はオリンピック競技の国際連盟に対して，いかなる贈与も行ってはならず，オリンピック関係者又はオリンピック競技の国際連盟はいかなる贈与も受け取ってはならない。また，利益供与やいかなる種類の利益供与の約束も行うことはできない」と明確に定められるに至った[18]。

さらに，2020年オリンピック招致を巡るスキャンダル報道がなされるようになると，2015年9月には，IOCにより "Candidature Process Olympic Games 2024" なる新たな規則が策定され[19]，その5条においては，2024年に開催のオリンピックのための招致活動からは，各立候補都市が契約しようとする全てのコ

---

17) 信濃毎日新聞・前掲注3）。

18) https://stillmed.olympic.org/Documents/Commissions_PDFfiles/Ethics/2011-Rules_of_Conduct_Applicable_to_All_Cities_Wishing_to_Organise_the_OG-Eng.pdf

ンサルタントについてのIOCへの事前登録が義務付けられ，しかも，かかる登録情報は全て公表されることとなった。また，登録されるコンサルタントには，贈収賄禁止規定を含む規程の遵守等の宣言が義務付けられることとなった[20]。

　また，こうした動きは，IOCだけに見出されるわけではない。例えば，「国際陸上競技連盟」（IAAF）は，2015年に前会長が収賄とマネーロンダリングの疑いで逮捕されたこと等を受け，"Reform of the IAAF -A New Era"なるガバナンスシステム強化のための改革を進めるに至っている[21]。

 ## V　おわりに

　以上のように，国際スポーツイベントを主催する団体に属する役員等が厳密には「公務員」ではなかったがゆえに，かつては「不正」が横行していたと言わざるを得ない状況が存在していた。しかし，民間人への贈賄も法的に規制する新たな枠組みが世界的

19）　https://stillmed.olympic.org/media/Document%20Library/OlympicOrg/Documents/Host-City-Elections/XXXIII-Olympiad-2024/Candidature-Process-Games-for-the-XXXIII-Olympiad-2024.pdf

20）　もっとも，現代におけるオリンピックの開催は，競技種目のさらなる拡大や必要な予算規模の増大によって，開催が現実的に可能な都市が限られるようになってきている。そのため，2024年以降のオリンピックについては，立候補都市がほとんどなくなってしまう恐れも生じており，結果，2024年と2028年の開催都市につき同時に決定し，パリとロサンゼルスをそれぞれに当てはめるといった事態にすら至っている。もっともそれは，立候補都市間の競争がなくなることも意味するため，「不正」の発生源の縮減という観点からは，良い面もある現象ともいえよう。

21）　https://www.iaaf.org/download/download?filename=799f37bd-c6c7-4c7b-95fd-878b50723121.pdf&urlslug=Reform%20of%20the%20IAAF%20-%20A%20New%20Era

に拡大するにつれ，国際スポーツ団体にも自浄作用が働かざるを
得なくなっている。そして，IOC もその例外ではないのである。

12 オリンピック延期を巡る法的問題

I はじめに

　本書は，2020年1月号から9月号にかけて「法学教室」誌に掲載された本書タイトルと同名のリレー連載をベースとして刊行されたものである。そして，同リレー連載は，2020年に開催される予定であった東京でのオリンピック・パラリンピックを契機として，現代におけるスポーツにおいていかに法学が深く関係しているのかを，同誌の読者の方々に理解してもらうことを目的とするものであった[1]。

　しかし，その目論見は，2020年初頭からの新型コロナウイルス感染症の世界的な拡大により，修正を余儀なくされてしまった。すなわち，WHOは，2020年1月5日に，中国湖北省武漢において原因不明の肺炎が発生したことを発表し[2]，さらに続く1月9日に，かかる肺炎患者から新型のコロナウイルスが検出されたことを公表した[3]。そして，1月30日，「国際的に懸念される公衆衛生上の緊急事態」である旨を宣言するに至る[4]。

---

1)　早川吉尚「本連載の趣旨と全体像」法教472号（2020年）64頁，65頁。

2)　https://www.who.int/csr/don/05-january-2020-pneumonia-of-unkown-cause-china/en/

3)　https://www.who.int/china/news/detail/09-01-2020-who-statement-regarding-cluster-of-pneumonia-cases-in-wuhan-china

4)　https://www.who.int/news/item/30-01-2020-statement-on-the-second-meeting-of-the-international-health-regulations-(2005)-emergency-committee-regarding-the-outbreak-of-novel-coronavirus-(2019-ncov)

　日本においても，1月28日，「新型コロナウイルス感染症を指定感染症として定める等の政令」が出され[5]，1月30日には内閣総理大臣を本部長とする「新型コロナウイルス感染症対策本部」が設置された[6]。そして，コロナ禍が拡大してきた4月7日には，「新型インフルエンザ等対策特別措置法」に基づき[7]，「新型コロナウイルス感染症緊急事態宣言」が発出された[8]。

　そして，かかる状況に鑑み，IOC，国際パラリンピック委員会（IPC），東京オリンピック・パラリンピック競技大会組織委員会（以下「組織委員会」という），東京都，日本国政府は，2020年5月17日，2020年7月から開催される予定の東京でのオリンピック・パラリンピックが1年延期され，2021年7月から開催されることを決定した旨を，共同で表明した[9]。

　しかし，1年延期した上で円滑にオリンピック・パラリンピックを開催するということは，決して簡単なことではない。2020年7月からの開催に向けて行われてきた全ての準備作業は一旦リセットされ，1年ほどの期間で，2021年7月からの開催に向けた

---

5)　官報（令和2年1月28日号外特第4号）2頁以下。

6)　https://www.kantei.go.jp/jp/singi/novel_coronavirus/th_siryou/konkyo.pdf

7)　平成24年法律第31号。

8)　https://corona.go.jp/news/pdf/kinkyujitai_sengen_0407.pdf
　なお，同緊急事態宣言の延長，2021年1月の再発出，延長，再延長については以下参照。
　https://corona.go.jp/news/pdf/kinkyujitaisengen_gaiyou0504.pdf
　https://corona.go.jp/news/pdf/kinkyujitaisengen_houkoku_20210107.pdf
　https://corona.go.jp/news/pdf/kinkyujitaisengen_houkoku_20210202.pdf
　https://corona.go.jp/news/pdf/kinkyujitaisengen_houkoku_20210305.pdf

9)　https://www.olympic.org/news/ioc-ipc-tokyo-2020-organising-committee-and-tokyo-metropolitan-government-announce-new-dates-for-the-olympic-and-paralympic-games-tokyo-2020

新たな準備作業に，関係者は忙殺されることになった。

　他方で，1年の延期は，様々な新たな法的問題を発生せしめている。そこで本項目では，オリンピック・パラリンピックの1年延期という過去に前例の無い全く新しい事態により生ずる法的問題につき，解説を試みてみたい。

　以下ではまず，オリンピック・パラリンピックを開催するとはどういうことなのか，その法的な構造につき明らかにした上で（II），次に，仮に開催を断念するといった事態に陥った場合に，開催に関係する複数の主体間において，どのような法的な問題が発生するかにつき明らかにしたい（III）。

II　オリンピック・パラリンピックの開催を巡る法的構造

　項目11においてオリンピックの招致活動について論じたが，オリンピックに関して定める（項目2においても触れた）「オリンピック憲章」（Olympic Charter）には，IOCが「オリンピック開催を委任する（entrust）」ことができるのは，原則として「都市」であると規定されている[10]。

　かかる規定から，まず，招致レースに参加し，その結果として開催が任される主体は，あくまで「都市」であるということがわかる。すなわち，2020年に開催予定のオリンピックにつき開催が任されたのは，あくまで「東京都」であり，「日本国」ではないということになる。また，上記の「組織委員会」は，「東京都」

---

10)　Paragraph 2 of the Section 32 (Celebration of the Olympic Games) of the Olympic Charter, 〈https://stillmed.olympic.org/media/Document%20Library/OlympicOrg/General/EN-Olympic-Charter.pdf〉.

に任されたことを前提に，大会の準備及び運営に関する具体的な事業を実施するために，2014 年に東京都を中心に設立された一般財団法人（2015 年 1 月からは公益財団法人）にすぎない[11]。

　他方，かかる規定からは，「東京都」は，あくまで開催につき「委任」された存在にすぎないこともわかる。では，開催を「委任」する主体は誰か。これはもちろん，IOC である。上記の「オリンピック憲章」は，自らの位置付けにつき，「IOC により採択された」「オリンピズムの基本原則，規則，内規を編纂したもの」であると明記している[12]。すなわち，「オリンピック憲章」に編纂されているオリンピック開催に関する全てのルールは，あくまで「IOC により採択された」結果として有効となっている規則群にすぎないのである。このことは，すなわち，その崇高な歴史的経緯については別段，現代における「オリンピック」とは，法的には，（項目 2 において説明したように）スイス法人である IOC が主催するスポーツイベントにすぎないことを意味する。そのことを前提に，4 年に 1 度のスパンで開催される当該スポーツイベントにつき，開催を「委任」してもらうことに様々な「都市」が名乗りを上げている。それが，現実なのである。

　とすると，開催の「委任」が決まった場合，具体的な「委任契約」が，「委任」される「開催都市」と「委任」する IOC の間で結ばれなければならない。それが「開催都市契約」であり，2020年開催予定であったオリンピックに関しては，実際，2013 年 9月に東京都と IOC 間で締結がなされている[13]。そして，その 1条においては，「IOC は，本契約にて，開催都市および NOC に，

---

11)　https://tokyo2020.org/ja/organising-committee/
12)　"Introduction to the Olympic Charter" of the Olympic Charter. 前掲注 10)参照。

本大会の計画，組織，資金調達および運営を委任し，開催都市および NOC は，オリンピック憲章および本契約の規定を遵守してその義務を履行することを約束する」と明確に定められている[14]。

　また，かかる「開催都市契約」においては，その2条において，契約から5か月以内の「大会組織委員会の設立」が求められており，3条においては，「大会組織委員会の設立」から1か月以内に「大会組織委員会」に「本契約を……厳守させ，かつ，その旨を確認する書面を IOC に送付する」ことが求められている[15]。かかる規定から，上述したわが国における「組織委員会」の設立は，この「開催都市契約」に従って行われたものであることが分かるし，また実際にも，2014年に「開催都市契約」に従って「組織委員会」を「本契約の当事者として参加するとともに，本契約を忠実に遵守」させるため，「併合契約」と題された追加的な契約も締結されている[16]。

　なお，パラリンピックに関しては，オリンピックが開催される都市で，オリンピックと同じ年に開催されることが，IPC の "IPC Handbook Paralympic Games chapter" の1.4条に定められており，さらに1.6条においては，そのために IPC が IOC と契約を

---

13)　https://www.2020games.metro.tokyo.lg.jp/hostcitycontract-EN.pdf
　　https://www.2020games.metro.tokyo.lg.jp/hostcitycontract-JP.pdf
　　なお，「オリンピック憲章」においては世界各国に「国内オリンピック委員会」（NOC）が設立されることが定められているが，東京都と IOC の間の「開催都市契約」には，日本における「国内オリンピック委員会」である「公益財団法人日本オリンピック委員会」（JOC）も契約に加わっている。

14)　同上参照。

15)　同上参照。

16)　https://www.2020games.metro.tokyo.lg.jp/joinder-agreement-EN.pdf
　　https://www.2020games.metro.tokyo.lg.jp/joinder-agreement-JP.pdf

締結する旨も定められている[17]。このことから，（オリンピックの直後に）オリンピック開催都市においてパラリンピックが開催されるのは，かかる契約等の効果であることも分かる。

　以上のように，オリンピックについては，主催者がIOC，開催につき委任契約で受任した主体が東京都，具体的な業務を実行するために設立が義務付けられ，契約にも加わっているのが組織委員会という法的構造の下で開催されているのである（そして，パラリンピックはそれに付随する形で開催されている）。

開催が断念された場合に生ずる法的問題

　ところで，コロナ禍の世界的な蔓延による不安の増大は，（1年延期された上での）2021年のオリンピック・パラリンピックの開催に関しても，様々な懸念を生み出してきた。これに対し，IOC会長は，2020年11月に来日し，（日本の首相とともに）東京での安全な開催に関する声明を出す[18]，あるいは，2021年3月には，予定通りの開催に強い意欲を示す声明を出すなどして[19]，再延期や中止の懸念を払拭しようとしてきた。

　他方でIOCは，2021年3月に，大会運営に必要な者のみしか来日させないことや[20]，海外からの観客についても来日させないことについて[21]，これらを認める決定をし，オリンピック・

17）　https://www.paralympic.org/sites/default/files/2020-03/Paralympic%20Games%20Principles%202020.pdf

18）　https://www.olympic.org/news/ioc-president-and-new-japanese-prime-minister-suga-determined-to-deliver-safe-olympic-games-tokyo-2020

19）　https://www.olympic.org/news/ioc-president-sees-support-from-international-community-and-successful-and-safe-hosting-of-international-sports-events-as-strong-signals-of-confidence-and-encouragement-for-tokyo-2020

パラリンピックを契機に多数の人々が国境を越える往来をすること，そして，それによりコロナ禍が拡大する危険，これらを最小化するべく努めた。

　もっとも，このような動きがあるにもかかわらず，コロナ禍の終息が見通せない状況の下，2021年夏における東京でのオリンピック・パラリンピックの開催を再延期あるいは中止せよという声があったのもまた事実である。それでは，仮に2021年夏における開催が断念された場合，法的にはどのような問題が発生するのであろうか。

　この点，まず確認されるべきは，（上述したように）オリンピックの主催者はあくまでIOCであるということである。すなわち，法的に「東京都」は，開催につき委任を受けている受任者にすぎず，イベント自体の開催・中止を決定する権限が「東京都」にはそもそも無い。ましてや，契約の当事者ですらない「日本国」について，そのような権限が無いことは法的に明らかである。つまり，オリンピックというイベントを中止すべきか否かということにつき（付随してパラリンピックも中止となる），日本政府や東京都にその是非を問う，あるいは，日本国民や東京都民にその是非を問うたとしても，（決定権限がない以上）法的には意味が無い問いであるということになる。決定権限はあくまで，主催者たるIOCにしかない。

　もっとも，一般に，何らかのイベントの開催が準備される過程で，会場の提供その他につき，主催者から委任された受任者が，

<hr>

20）　https://www.olympic.org/news/ioc-executive-board-makes-accreditation-decision-for-tokyo-2020-cancels-guest-programme

21）　https://www.olympic.org/news/ioc-and-ipc-respect-and-accept-japanese-decision-on-overseas-spectators

何らかの事情によって会場の提供を事後的に断るといった事態は，起こり得ないことではない。そして「東京都」は，かかる会場提供につき受任した当事者と立場が類似している。とすると，イベント自体を中止するのではなく，会場提供を中止するということは，「東京都」独自でも決定できる事項であり，その是非について東京都に問うということは，法的に意味のある問いであるともいえよう。

　では，「東京都」が会場提供を行わないという決定をした場合（その場合，準備のための時間的な制約上，結果的に 2021 年夏のオリンピックの開催はできなくなる可能性が高い），法的にはどのような問題が発生するのであろうか。この点，上述したように，「開催都市契約」1 条においては，「IOC は，本契約にて，開催都市および NOC に，本大会の計画，組織，資金調達および運営を委任し，開催都市および NOC は，オリンピック憲章および本契約の規定を遵守してその義務を履行することを約束する」と定められている[22]。そして，同契約においては，「開催都市」が提供しなければならない（会場提供をも含む）様々な多数の義務が記されている[23]。とすると，この義務を履行しないことを「開催都市」である「東京都」が一方的に決定した場合，それは契約における債務の不履行を意味することになるため，「東京都」は，契約準拠法であるスイス法の下，債務不履行に基づく損害賠償責任を果たさなければならないことになる[24]。

　その額はいかほどか。この点，一部報道によれば，IOC はオリンピック開催によって 1 つの大会につき約 4600 億円の放映権

22)　前掲注 13)参照。

23)　同上参照。

料を得ているとのことである[25]。「東京都」が独自の判断で会場提供等の契約上の債務を果たさず，その結果として2021年夏の大会が開催できない場合，少なくともかかる放映権料分の損害については，「東京都」に賠償責任が発生することになるであろう。

これに加え，（詳細は外部からは分からないが）オリンピックが開催されることを前提に，IOCが多くのスポンサー企業との間において，多額のスポンサー契約を結んでいるのは確かである。「東京都」の債務不履行によりオリンピックが開催できなくなった結果として，かかるスポンサー契約上，返金義務や損害賠償義務が発生した場合，それらについても究極的には「東京都」が賠償責任を負わざるを得なくなる可能性がある。また，組織委員会をも含めた「東京都」側も，多くのスポンサーと多額のスポンサー契約を独自に結んでおり，同様の賠償責任を独自に負わざるを得なくなる可能性もある。すなわち，「東京都」が独自の判断で会場提供等の「開催都市契約」上の義務を履行しなかった場合には，目も眩むほどの金額の賠償責任を負うことになる可能性が高いのである。

もっとも，契約書の中に，「不可抗力免責条項」があり，かつ，新型コロナウイルス感染症といった伝染病の蔓延が「不可抗力免責事項」として明記されている場合には，かかる損害賠償責任を免れることができる可能性はある。しかし，「開催都市契約」の中には，そのような免責を「開催都市」に認める条項は存在して

24）「東京都」とIOCの間における「開催都市契約」の87条において，契約準拠法がスイス法と明記されている。したがって，スイス民法における（日本民法415条と同様の）債務不履行に基づく損害賠償に関する規定の下で，損害賠償責任が発生することになる。

25）　https://www.daily.co.jp/general/2021/01/29/0014040679.shtml

いない[26]。とすると，免責の可能性としては，契約準拠法たる
スイス法上，新型コロナウイルスの世界的な蔓延という事実に照
らし，法定の不可抗力免責が与えられるか否かが鍵となるが，こ
れまでに経験の無い未曾有の事態である以上，その判断の帰趨に
ついては極めて不透明と言わざるを得ないであろう。

　他方，IOC が自らの判断で中止の決定をする可能性はあるか。
この場合には，「東京都」の債務不履行の結果として中止となっ
たわけではない以上，「東京都」に損害賠償責任が発生すること
はない。しかし，一部報道によれば，上述した放映権料は「IOC
収益の 8 割」を占めているとのことであり[27]，IOC が自らの判
断で自身の財政的基盤を失わせしめる決定を行うとはとても考え
られないし，また，上述したように IOC は，実際にも，開催へ
の意欲につき繰り返し声明を出しているというのが現実である。

Ⅳ　おわりに

　以上，オリンピック・パラリンピックの開催の 1 年延期という
過去に前例の無い全く新しい事態により生ずる法的問題につき，
開催に関係する複数の主体間において発生するそれに焦点を絞っ
て，解説を試みてみた。

　もっとも，1 年の開催延期により発生する法的問題は，実は，
開催に関係する複数の主体間において生ずるものばかりではない。
例えば，延期の結果，オリンピック・パラリンピックの代表選手
選考をやり直す必要が生じているが，競技者の立場からは，コロ

---

26)　前掲注 13)参照。
27)　前掲注 25)参照。

ナ禍により（選考基準における判断要素となっている）競技大会への参加がままならないという問題が発生している。それでは，そのような事態の下での選手選考や依拠された選考基準は妥当なのか。かかる問題は，実際に，日本スポーツ仲裁機構の下で紛争となっている[28]。

　また，6年に1度，大幅に改訂される世界統一のアンチ・ドーピング規則につき，2021年から全く新たな規則が施行されることを前提に[29]，しかし，2020年に開催される計画であった東京でのオリンピック・パラリンピックについては，慣れ親しんだ2020年末まで有効の（旧）規則が適用される予定になっていた。ところが，2021年に開催が延期されたため，全く新しいアンチ・ドーピング規則の下で，オリンピック・パラリンピックが開催されることになってしまった。そのため，新しいアンチ・ドーピング規則の競技者・関係者への周知徹底に，アンチ・ドーピング機関その他は，忙殺されるに至っている。

　ところで，上述したように，東京でのオリンピック・パラリンピックの1年延期の結果，上記のリレー連載の目的，すなわち，「東京でのオリンピック・パラリンピックを観戦する際には，是非，本連載の内容を想起いただき，現代におけるスポーツにおいていかに法学が深く関係しているのかについても感じ取っていただきたい」という点については[30]，実現できないまま，当該リレー連載は終了となってしまった。

28）　http://www.jsaa.jp/award/AP-2020-002_2.pdf

29）　世界アンチ・ドーピング機構，日本アンチ・ドーピング機構の新規則の解説，及び，新規則そのものについては，以下を参照。

　https://www.wada-ama.org/en/what-we-do/the-code

　https://www.playtruejapan.org/code/provision/japan.html

　しかし，延期されたオリンピック・パラリンピックの2021年7月の開催前に本書が刊行されることにより，その目的の実現は再び可能となった。

　各分野の一流の専門家により分担執筆された本書は，現代スポーツ法に関する極めて「質の高い連載」である。IOCの法的性格，スポーツ仲裁の手続システムと実体判断基準，その際のスポーツ団体の裁量権とその限界の根拠，アンチ・ドーピングの手続システムと実体判断基準，スポーツ紛争における手続代理，スポーツ選手とパブリシティ権，スポーツにおける性と障がい。どれも現代スポーツ法の最先端の問題であり，各項目につき筆者自身も大変に興味深く拝読させていただいた。この場を借りて，各項目の執筆をご担当いただいた先生方には，深く御礼を申し上げたい。

　2021年7月から東京で開催されるオリンピック・パラリンピックを観戦する際には，読者におかれては，是非，本書の内容を想起いただき，観戦の興奮をより高めていただきたい。そのことに貢献できたとしたならば，本書を企画し，編纂した者として，これに優る喜びはない。

---

30)　早川・前掲注1)67頁。

事項索引

ケース索引

裁判例

オリンピック・パラリンピックから考える
スポーツと法

Sport Law – from the viewpoint of the Olympic and Paralympic Games –

2021 年 7 月 20 日　初版第 1 刷発行

編　者　　早川吉尚
発行者　　江草貞治
発行所　　株式会社　有斐閣

郵便番号 101-0051
東京都千代田区神田神保町 2-17
電話　　（03）3264-1311〔編集〕
　　　　（03）3265-6811〔営業〕
http://www.yuhikaku.co.jp/

印刷　　株式会社暁印刷
製本　　大口製本印刷株式会社